CORRECCIONES EN LOS MANUSCRITOS ANTIGUOS DEL CORÁN

CORRECCIONES EN LOS MANUSCRITOS ANTIGUOS DEL CORÁN

VEINTE EJEMPLOS

ESTUDIOS SOBRE MODIFICACIONES DE MANUSCRITOS DEL CORÁN

DANIEL ALAN BRUBAKER

© 2025 DANIEL A. BRUBAKER

Publicado por Think and Tell Press, Lovettsville

Todos los derechos reservados.

Portada: MS.474.2003, cortesía del Museo de Arte Islámico (fotografía de D. Brubaker); contraportada: BnF *arabe* 331, Bibliothèque nationale de France

Fotografías de manuscritos de las siguientes instituciones usadas con permiso:

- Bibliothéque nationale de France, Paris
- Museo de Arte Islámico, Doha
- Biblioteca Nacional de Rusia, San Petersburg

Imágenes modernas del Corán son del Muṣḥaf Muscat, usadas con permiso de DecoType.

Las citas de la Biblia se han tomado de La Nueva Biblia de las Américas © 2005 por The Lockman Foundation. Todos los derechos reservados. Usado con permiso.

Ninguna parte de este libro puede ser reproducida de ninguna forma ni por medios electrónicos o mecánicos, incluidos los sistemas de almacenamiento y recuperación de información, sin el permiso escrito del autor, excepto para el uso de citas breves en una reseña de libro.

Correcciones en los Manuscritos Antiguos del Corán: Veinte Ejemplos, Estudios sobre Modificaciones de Manuscritos del Corán (serie) Vol. 1

ISBN13: 978-1-949123-26-5 (Edición de bolsillo)

A mis padres

CONTENIDO

Clave de transliteración   xi
Manuscritos citados   xv
Prefacio   xvii
Agradecimientos   xxvii

1. Introducción   1
2. Las Correcciones   29
3. Conclusiones   97

Índice de versos del Corán referenciados   107
Lecturas adicionales   109
Glosario   113
Sobre el autor   117

CLAVE DE TRANSLITERACIÓN

Para la transliteración del árabe, utilizo el sistema IJMES, mostrado a continuación. Sin embargo, dado que mi propósito es enfatizar la forma de la escritura más que su pronunciación, no cambio el artículo definido *lām* por el sonido de las letras "sol" que le siguen inmediatamente.

ʾ ء
b ب
t ت
th ث
j ج
ḥ ح
kh خ
d د
dh ذ
r ر
z ز

س	s
ش	sh
ص	ṣ
ض	ḍ
ط	ṭ
ظ	ẓ
ع	ʻ
غ	gh
ف	f
ق	q
ك	k
ل	l
م	m
ن	n
ه	h
و	w
ي	y
ة	-a (-at en estado de construcción)
ال	al- y ʼl- (artículo)
ى ا o	ā
و	ū
ي	ī
يّ	iyy
وُ	uww
وَ	aw
يَ	ay
َ	a
ُ	u
ِ	i

Cuando necesito transliterar el *rasm* sin adornos, utilizo el sistema de letras mayúsculas de Thomas Milo para transmitir la ambigüedad de los arquigrafemas en los manuscritos:

A	ا	ــا	F	ف	ــفــ	
B	ب	ــب	[F]-Q	ڡ		ۊ
G	ح	ــحــ	K	ك		ــك
D	د	ــد	L	ل		ل
R	ر	ــر	M	م		ــم
S	س	ــســ	[B]-N	ں		ں
C	ص	ــصــ	H	ه		ه
T	ط	ــط	W	و		ــو
E	ع	ــعــ	[B]-Y	ى		ى

MANUSCRITOS CITADOS

Biblioteca Nacional de Francia, París
arabe 327 (ejemplos 7 y 9)
arabe 328 (ejemplos 2 y 12)
arabe 330 (ejemplo 8)
arabe 331 (ejemplo 10)
arabe 340 (ejemplo 13)

Mezquita de Al-Hussein, El Cairo
Cairo *al-muṣḥaf al-sharīf* (ejemplo 16 y "Otro fenómeno" al final del capítulo 2)

Dar al-Makhtutat,
01-20.4 (ejemplo 3)

Museo de Arte Islámico, Doha
MIA.2013.19.2 (ejemplo 15)
MIA.2014.491 (ejemplo 20)
MS.67.2007.1 (ejemplo 6)

MS.474.2003 (ejemplo 5, y portada)

Biblioteca Nacional de Rusia, San Petersburgo
   Marcel 2 (ejemplo 4)
   Marcel 5 (ejemplo 19)
   Marcel 7 (ejemplo 18)
   Marcel 11 (ejemplos 3 y 17)
   Marcel 13 (ejemplo 3)
   Marcel 21 (ejemplo 3)

Biblioteca del Palacio Topkapı, Estambul
   Topkapı *al-muṣḥaf al-sharīf* (ejemplos 1, 11, y 14)

PREFACIO

A lo largo de los varios años transcurridos desde la defensa de mi tesis doctoral, "Intentional Changes in Qur'ān Manuscripts" ("Cambios Intencionales en los Manuscritos del Corán"), he recibido muchas consultas sobre cuándo se publicará este trabajo. La demora ha sido el resultado de varios factores, siendo uno de los principales mi tendencia personal hacia el perfeccionismo, que me lleva a revisar el texto en lo que a veces parece un bucle interminable. Otro factor ha sido el volumen masivo, y creciente, de material que he acumulado.

El libro que tienen en sus manos es un pequeño intento, a corto plazo, de satisfacer a aquellos que esperan con ansias este trabajo, proporcionando una muestra representativa y una introducción. Creo que es algo poco común que la publicación de divulgación preceda a la académica completa, y algunos me han advertido en contra de hacerlo. Sin embargo, considero que este es un caso especial, y en cualquier caso, me complace hacer público este material mientras finalizo los trabajos más amplios y rigurosos.

En las siguientes páginas, he escrito para ser entendido no solo por académicos, sino también por lectores generales, aunque sin comprometer, espero, la integridad académica. No es un libro extenso, pero incluye algunos detalles técnicos, como debe ser. Si no eres un especialista, es posible que haya cosas que te resulten difíciles de entender. No te preocupes demasiado por ello. Por otro lado, si eres académico, puede que desees más detalles. Si es así, espero que al menos encuentres algún beneficio en lo que he hecho aquí, pero también te pido paciencia mientras finalizo otras publicaciones.

Este libro no aborda un análisis teológico del contenido del Corán. Aunque la teología es un campo legítimo de estudio y contemplación seria, no hago comentarios en estas páginas sobre las últimas cuestiones espirituales que plantea el Corán. Este libro no es el lugar para ello. Lo que he hecho es introducir un aspecto de la crítica textual del Corán que ha ocupado mi interés y esfuerzo, y que encuentro fascinante.

Aún así, puede ser apropiado considerar *por qué* el Corán, como objeto, merece tal atención, qué diferencia debería hacerle a la mayoría de las personas que el libro exista, y por qué las personas comunes podrían sentirse curiosas acerca de su historia temprana de transmisión.

Lo primero que hay que señalar es que las ideas y la teología del Corán no solo han tenido un impacto en la historia mundial durante más de mil años, sino que siguen afectando la vida de miles de millones de personas hoy en día.

Prefacio

Entre los afectados se encuentran tanto quienes creen que Muhammad fue un profeta como quienes no lo creen. Permítanme dirigirme a varias categorías potenciales de lectores, una o más de las cuales pueden representarlos, y discutir qué beneficio puede tener para cada uno el tema de este libro.

Primero, si usted es uno de los que cree que Muhammad fue un profeta y se llama a sí mismo "musulmán": El Corán es, simplemente, su *kitāb*, su libro. Obviamente, esto ya lo sabe. En cuanto a estos manuscritos, son algunos de los testimonios más antiguos que sobreviven del mensaje que Muhammad transmitió. Los versos que contienen probablemente sean aquellos a los que Muhammad se refería cuando se informa que dijo que Alá "favoreció a los creyentes cuando envió entre ellos un apóstol de entre ellos mismos, quien les recitó Sus versos, los purificó y les enseñó el libro y la sabiduría, aunque antes estaban en evidente error".[1] Por esta razón, sugiero que tiene sentido sentir curiosidad por los primeros manuscritos. ¿Qué pasajes contienen? ¿Cuáles son sus características físicas y textuales? ¿Qué variaciones existen entre ellos y qué pueden significar? ¿Qué son estas correcciones y por qué existen? Y así sucesivamente. Estos manuscritos me fascinan como académico, y capturan mi imaginación cada vez que los manipulo o pienso en el lugar y el momento en que fueron creados. Solo puedo imaginar lo especiales que deben ser para una persona que cree que contienen registros de la revelación.

En segundo lugar, ¿qué interés puede haber para aquellos que no creen que Muhammad fue un verdadero profeta y, por lo tanto, no creen que el Corán sea una revelación de Dios? A esto respondería que, aun así, hay aproximadamente 1,6 mil millones de personas en el mundo que sí creen que Muhammad fue un profeta y que, por lo tanto, viven sus vidas en algún grado de conformidad con su mensaje e instrucciones. Dependiendo de dónde vivas, puede que tengas mucha interacción directa con estas personas, o poca, o tal vez ninguna. Pero el mundo está cambiando constantemente y la influencia de las ideas sobre los eventos, tanto lejanos como locales, está a nuestro alrededor. Probablemente no sea necesario para ti (si caes en esta categoría) involucrarte profundamente con las fuentes literarias o devocionales de la religión de Muhammad, pero un nivel razonable de información — parte de la cual está en la vanguardia de la investigación — sobre la historia y la huella documental del texto fundacional de esta fe mundial, el Corán, merece ser adquirido, si es posible, y parte de eso está contenido en las páginas que siguen. Además, en mi opinión, los principales contornos del libro que tienes en tus manos no son terriblemente difíciles de entender, incluso para los que no son arabistas. ¡Anímate a intentarlo!

En tercer lugar, si eres un académico (ya sea creyente o no creyente), el propósito de tu trabajo es defender la verdad y buscar conocimiento. Sí, es cierto que todos tenemos una razón y motivación que atrae nuestro interés hacia un tema particular — tú tanto como yo. Pero para ser un buen académico, uno debe operar de manera metodológicamente sólida, y al servicio de un maestro común: la Verdad. En lo que respecta a la historia de la vida y las acciones de Muhammad, a la de aquellos que se identificaron con él durante esa época y en las posteriores conquistas árabes, a la historia de la revelación y su transmisión, y al contenido de esa revelación, las circunstancias de su entrega y las claves exegéticas (interpretativas) que pudieron haber sido dadas por Muhammad y transmitidas a través de sus compañeros y otros, hay mucho por desentrañar y mucha más incertidumbre sobre algunos detalles de lo que la mayoría de los observadores no críticos podría entender. Como académicos, nuestra intención es probar afirmaciones y proposiciones, con el propósito de refinar nuestro entendimiento de lo que realmente sucedió o (según el caso) lo que realmente se dijo o escribió. Hoy estamos viviendo un momento emocionante, académicamente, para el estudio de los manuscritos del Corán y su historia temprana. Como académico que presumiblemente está interesado en este campo (ya que estás leyendo esto), es probable que te sientas muy alentado.

En cuarto lugar, si eres un profesional (ya sea creyente o no creyente) en política, gobierno o medios de comunicación, puede que te enfrentes, de vez en cuando, y tal vez con mayor frecuencia, a afirmaciones sobre el islam, tanto positivas como negativas. Dependiendo de tus relaciones personales, inclinaciones, tendencias políticas o cualquier otro factor, es posible que te sientas inclinado a creer una u otra. Pero en cualquier situación dada, podrías estar equivocado o carecer de matices. Cuando hablas, la gente te escucha. Cuando tomas una decisión política, esta afecta a otros. Una buena gobernanza, un buen informe y una gestión adecuada descansan idealmente sobre el conocimiento y la sabiduría. A veces lo que se dice de manera crítica o negativa — aunque no políticamente correcto — puede ser cierto. Otras veces, la alarmante generalización — aunque sea satisfactoria de creer — podría no ser cierta o, al menos, podría requerir alguna calificación. El centro mismo del islam es Muhammad, y el centro de la identidad de Muhammad para los musulmanes es su estatus como Mensajero de Alá. Un mensajero tiene un mensaje, y el Corán es el de Muhammad; por lo tanto, su historia no es un asunto irrelevante.

Este libro, como ya he dicho, no se ocupa de los grandes temas del islam. Pero sí se centra en objetos históricos tangibles que, debido a sus características particulares tal como se describen aquí, desafían las afirmaciones tradicionales sobre la transmisión del Corán de varias maneras. Si eres una persona curiosa e inquisitiva (y estas son realmente buenas e importantes cualidades en cualquier ser humano, más aún para aquellos cuya profesión está relacionada con el conocimiento, la política y la opinión), este libro puede ser de tu interés no solo por lo que dice sobre el tema en cuestión, sino también por lo que dice sobre lo que podría llamarse una mejora piadosa de la historia textual del Corán. La hagiografía, la mejora de una historia para elevar a su sujeto, no solo se lleva a cabo sobre personas históricas; también puede estar dirigida hacia objetos, y — dejando de lado completamente en este momento todo el asunto de la *verdadera* naturaleza del Corán tal como lo recibió Muhammad — la historia de esta recitación como objeto físico desde el momento de su escritura hasta el presente parece contener algunos elementos de hagiografía, o de limpieza y embellecimiento. Reconocer esto no es necesariamente sugerir motivos malos o nefastos y, ciertamente, es bastante natural que las personas atribuyan los atributos más halagadores y las circunstancias más favorables a las personas o los objetos que veneran. Pero si nuestra intención es tratar con la realidad, tal como debería ser el caso para los historiadores, periodistas y legisladores por igual, deberíamos estar dispuestos a poner a prueba las suposiciones.

Los últimos doce años han sido una aventura para mí. Me interesé por los manuscritos del Corán mientras trabajaba en mi doctorado en el departamento de Estudios Religiosos (ahora el departamento de Religión) de la Universidad de Rice en Houston. De hecho, fue en una conferencia en Oxford, alrededor de 2007, cuando escuché por primera vez a Keith Small presentar un trabajo sobre la crítica textual del Corán. Tuve más conversaciones con Keith sobre el tema en esa época, y él, con su característica amabilidad y humildad, se mostró dispuesto a ser mi mentor a medida que me interesaba cada vez más en los años siguientes.

Keith me invitó a presentar un trabajo como parte de un panel en la reunión anual de la Middle East Studies Association (MESA) en San Diego, organizado por Emran El-Badawi y presidido por David Powers. En ese momento, estaba examinando más detenidamente fotografías de manuscritos del Corán (por ejemplo, de la versión en CD-ROM de los Coranes de Sanʿāʾ de la UNESCO) y encontré una página muy interesante con dos correcciones y una variante no canónica llamativa que no había sido corregida. Discutí estos hallazgos en mi ponencia de la conferencia.

Durante un receso entre sesiones en esa conferencia, Keith y yo estábamos conversando en el área de estar de su habitación de hotel en el Grand Hyatt (con vistas a la bahía, en un día soleado y hermoso), y Keith me mostró un par de fotografías que realmente captaron mi atención: eran imágenes de páginas de manuscritos del Corán con correcciones dramáticas y largas. No se trataba solo de unas pocas letras o una sola palabra, sino de borrados reescritos que cubrían más de una línea completa. Las fotografías me parecieron fascinantes y sorprendentes.

Ya muy interesado, decidí investigar más sobre el desarrollo temprano del Corán escrito en mi trabajo doctoral, pensando inicialmente que quería escribir mi tesis sobre algún aspecto de la crítica textual relacionado con estos manuscritos en general, incluidas las correcciones como parte del panorama. A medida que comenzaba este proyecto, empecé a encontrar más correcciones y las anoté. En 2011, realicé un importante viaje de investigación a Europa y al Medio Oriente para ver manuscritos. Aunque mi idea original para la tesis era escribir sobre el desarrollo temprano del Corán en forma escrita, comencé a pensar seriamente en escribir solo sobre las correcciones. Volví a contactar a Keith y le pedí su opinión sobre esta dirección. Dijo que sería un tema muy bueno, así que informé a David Cook y a mi departamento sobre el nuevo tema que pensaba seguir.

Lo demás ahora es historia. Defendí con éxito mi tesis y obtuve mi doctorado en Rice en abril de 2014, y desde entonces he seguido investigando en esta área. Mientras que en mi tesis documenté unas 800 correcciones físicas, ahora he anotado miles, y no parece haber un final a la vista.

¿Qué indican estas correcciones? Verán mis propias breves observaciones en el capítulo final.

Soy consciente, por supuesto, de que mi trabajo trata sobre cosas en las que las personas reales creen, sienten en sus corazones y consideran asuntos de honor cultural y personal, por lo que es apropiado que hable de este aspecto por un momento.

El asunto de las correcciones en los manuscritos del Corán obviamente toca la cuestión de si lo que tenemos ahora es una representación verdadera y completa de lo que fue entregado por Muhammad en la primera parte del siglo VII d.C.[2] Esta pregunta es bastante diferente de la (también importante) cuestión de si Muhammad fue un profeta, es decir, si estas revelaciones provienen de Dios. El libro que tienes en tus manos, y el material que contiene, no tiene nada que decir sobre si Muhammad fue un profeta. Sí se ocupa de cuestiones sobre la forma original del Corán y sobre la integridad de su transmisión en las primeras etapas después de la muerte de Muhammad. No estoy tratando de herir los sentimientos de nadie al estudiar estas cosas o hablar sobre ellas. Lo que me gustaría hacer, tanto como ser humano como académico, es poner a prueba suposiciones y seguir la evidencia allá donde nos lleve. Propongo que este camino es uno bueno para que cualquiera lo siga, y por ello te invito a caminar también por él.

Como mencioné anteriormente, mis trabajos más extensos están por venir; espero que aquellos interesados esperen pacientemente un poco más y reciban estos con entusiasmo cuando se publiquen pronto, si Dios quiere.

Al final de este libro hay una lista de lecturas adicionales.

Daniel Alan Brubaker

Mayo de 2019

1. Guillaume, A., *The Life of Muhammad: A translation of Ibn Isḥāq's Sirāt Rasūl Allāh*, (Oxford: Oxford University Press, 1955, 398). Véase también el Corán 3:164.
2. **Una nota sobre las convenciones de datación:** A lo largo de este libro hago referencia a las fechas en el calendario gregoriano (solar), es decir, en "d.C." y "a.C.". Muchos lectores estarán al tanto de que también existe un calendario islámico lunar que comienza en el año en que Muhammad y su comunidad emigraron de La Meca a Medina, en el 622 d.C., un evento denominado la **hégira**. Sus fechas se dan en años (lunares) como "h." (anno Hegirae, "año de la Hégira"). En muchos libros académicos que tratan sobre temas relacionados con el islam y su historia, las fechas se dan tanto en d.C. (o "E.C.") como en h. Para mayor simplicidad y facilidad de referencia al calendario que es familiar para la mayoría de los lectores, he optado por no hacer esto en esta edición en español. Si los lectores desean encontrar las fechas correspondientes en el calendario hijri en un caso dado, hoy en día existen muchas aplicaciones gratuitas y calculadoras en línea que facilitan mucho este proceso.

AGRADECIMIENTOS

Muchas personas han hecho posible y placentero mi trabajo sobre los manuscritos del Corán hasta la fecha, pero hay algunas en particular a quienes no debo dejar de mencionar por su nombre. En primer lugar, estoy agradecido a mi director de doctorado, David Cook, y al fallecido Keith Small, ambos mentores académicos para mí y, además, queridos amigos. También estoy agradecido por haber contado con la orientación y la amistad del fallecido Andrew Rippin, y me siento especialmente agradecido por el honor de haber tenido su presencia en mi comité doctoral.

Muchos propietarios, curadores, responsables y personal de las instituciones que albergan los manuscritos han abierto puertas para mí, y les estoy agradecido a todos, incluyendo a los siguientes: Olga Vasilyeva y el personal de manuscritos de la Biblioteca Nacional de Rusia; Sue Kaoukji, su equipo en el Dar Museum (Kuwait); la Dra. Mounia Chekhab Abudaya, Marc Pelletreau y todo el personal del Museo de Arte Islámico en Doha; Marie Geneviève Guesdon en la Bibliothèque nationale de France; Alasdair Watson y el personal de la Reading Room de las Colecciones Especiales en la Universidad de Oxford; Catherine Ansorge y Yasmin Faghihi en la Biblioteca de la Universidad de Cambridge; Elaine Wright en la Chester Beatty Library (Dublín); Colin Baker por poner a mi disposición tanto el manuscrito original BL2165 como una copia personal de su edición facsímil del mismo en septiembre de 2013 en la Biblioteca Británica; Samar Al Gailani de la Beit Al Qurʾān, así como su curador, Ashraf Al Ansari; el Dr. Halit Eren en Estambul por su hospitalidad en 2011, e IRCICA y el Dr. Tayyar Altıkulaç (quien aún no he tenido el gusto de conocer) por su maravilloso trabajo en la preparación de las ediciones facsímiles turcas de importantes *maṣāḥif* (códices) del Corán; ISAM; la Junta Musulmana de Uzbekistán por su asistencia en mi visita a Taskent en 2016; y Amalia Zhukovskaya y Alla Sizova en el Instituto de Manuscritos Orientales en San Petersburgo por su ayuda durante mis varias visitas allí.

Mis colegas que han ofrecido ayuda y/o hospitalidad en este trabajo incluyen a Efim Rezvan, Gerd-R y Elisabeth Puin (quienes me hospedaron como invitados y me han invitado nuevamente), Alba Fedeli y François Déroche.

También quiero saludar amistosamente a mis colegas de la Islamic Manuscript Association (particularmente a Davidson MacLaren) y de la International Qurʾanic Studies Association (particularmente a Emran El-Badawi).

Latha y yo le debemos una deuda personal a Joshua Lingel por su constante ánimo a lo largo de muchos años. Es un querido amigo.

En 2012, al haberme dado cuenta de su experiencia única y su largo trabajo en el área de tipografía árabe histórica y científicamente rigurosa, comencé a contactar a Thomas Milo para desarrollar soluciones necesarias específicas para mis propias necesidades relacionadas con los manuscritos del Corán, en particular con respecto al *rasm* no desambiguado.[1] Tuvimos conversaciones sobre este tema durante los dos años siguientes, y la conversación continúa. Me alegra ver hoy que los frutos de ese trabajo llegan en gran parte gracias al pensamiento claro y fuera de lo común, así como al sentido estético, que poseen él y Mirjam, quienes se han convertido en amigos para nosotros. Estoy muy agradecido. Son personas amables, inteligentes y talentosas.

Estoy agradecido a mis amigos y colegas Roy Michael McCoy III (Ph.D. desde enero de 2019) y Joshua Falconer, quienes en esta etapa postdoctoral me han ayudado enormemente con, entre otras cosas, la transferencia de mi investigación de notas y fotografías a la base de datos que diseñé con el propósito de organizar y almacenar este material; ha sido un privilegio trabajar junto a ellos y a mi otro colega y amigo, Andy Bannister, cuyos talentos y energías parecen no tener fin.

Las siguientes personas leyeron y ofrecieron comentarios útiles de revisión por pares sobre este libro, evitando en más de una ocasión que cometiera grandes errores. Les debo a cada uno de ellos un sincero agradecimiento: Marijn van Putten, Gerd-R. Puin, Asma Hilali y Mark Durie. Además, agradezco a Leah Garber por su minuciosa corrección de estilo, gramática y puntuación.

Finalmente, agradezco a mi querida (también talentosa, exitosa, amable y hermosa) esposa, Latha, por ser mi compañera en el trabajo de la vida. También agradezco a mis padres, Alan y Susan Brubaker, así como a los de ella, Annamma y el difunto Jefreys K. Samuel, por traernos al mundo, por criarnos con mucho amor y sacrificio, y en particular por ayudarnos durante las largas horas y días de mi trabajo doctoral y más allá.

Habiendo dicho todo esto, el trabajo que sigue es mío y

asumo la responsabilidad de las deficiencias que persisten. Espero que para todos los lectores sea una introducción placentera e informativa a un tema fascinante.

---

1. Al final de este libro hay un glosario que define términos especializados, incluido este. El *rasm*, tal como utilizo el término, es la forma básica del texto consonántico árabe, sin sus puntos ni vocales cortas.

1
INTRODUCCIÓN

Los primeros manuscritos del Corán contienen muchos cambios o correcciones físicas.[1] Hasta ahora, he anotado miles de estos cambios mediante un examen cuidadoso de estos manuscritos, en su mayoría de forma presencial. Este libro está destinado a servir como una visión general, proporcionando ejemplos para ilustrar la naturaleza general de estas correcciones en los manuscritos. En trabajos posteriores, realizaré una presentación más extensa de estas correcciones y sus descripciones.

SOBRE LOS PRIMEROS MANUSCRITOS DEL CORÁN

Una gran cantidad de fragmentos de manuscritos del Corán han sobrevivido de los primeros siglos de su existencia. Muchos de los importantes manuscritos tempranos están ahora disponibles para académicos como yo gracias a circunstancias políticas como la campaña de Napoleón en Egipto y

Siria, que estuvo acompañada del despliegue de eruditos como Jean-Joseph Marcel,[2] o como resultado de los esfuerzos intrépidos de personas como Jean-Louis Asselin de Cherville,[3] Agnes Smith Lewis y Margaret Dunlop Gibson,[4] Chester Beatty,[5] Edward Henry Palmer,[6] y otros, que adquirieron y preservaron estos objetos. De hecho, ha habido muchas personas diferentes involucradas en la recopilación y conservación de estos manuscritos, y estos son solo algunos de los nombres importantes detrás de los objetos que hoy se encuentran en bibliotecas académicas occidentales. Existen más manuscritos guardados de forma segura (otros, lamentablemente, han estado en peligro debido a guerras y otras inestabilidades políticas) en instituciones de todo el mundo, y todos ellos tienen historias y personas detrás de ellos. Me ha llevado tiempo y esfuerzo durante varios años aprender las ubicaciones de muchos de estos manuscritos, y he tenido el privilegio de visitar una gran cantidad, incluidos aquellos que probablemente fueron producidos en los siglos VII y VIII d.C., en bibliotecas y museos de todo el mundo.

Con algunas excepciones muy importantes —en particular, los Coranes que la tradición nos dice que el tercer califa, Otmán, quemó y que por lo tanto se habrían perdido para siempre— parece que tenemos un buen número de manuscritos tempranos del Corán de una fecha bastante temprana. ¿Por qué existen tantos manuscritos del Corán de los primeros y segundos siglos después de la vida de Muhammad? Además de la relativa reciente aparición de esta revelación[7] cuando se compara con (por ejemplo) los escritos bíblicos, hay dos razones principales adicionales.

Primero, para el siglo VII d.C. (según las fuentes, Muhammad vivió de 570 a 632), el pergamino era un material comúnmente utilizado para recibir la escritura, especialmente para los libros.[8] El pergamino es piel de animal, y a diferencia del papiro, que típicamente se desintegra después de un período de 100 a 200 años, los documentos escritos en pergamino pueden perdurar durante miles de años. No siempre duran tanto, ya que otros factores, como la acidez de la tinta utilizada para escribir, la calidad y el grosor del pergamino mismo, y la humedad y otros factores ambientales que ha soportado el documento, contribuyen a su longevidad. Pero en general, la relativa estabilidad del pergamino ha resultado en que un gran número de manuscritos del Corán de estos importantes primeros siglos hayan sobrevivido para que podamos examinarlos.

Una segunda razón importante para la supervivencia de tantos manuscritos del Corán del período temprano es el hecho de que, a partir de mediados del siglo VII d.C. (es decir, el primer siglo después de Muhammad), estos se produjeron en entornos políticos que veían al libro de manera positiva. Las autoridades gobernantes en estas regiones no eran hostiles al Corán, como sucedió con el Nuevo Testamento durante los primeros dos siglos del cristianismo. No era peligroso poseer una copia del Corán en los imperios árabes que, a finales del siglo VII, se extendían por una vasta franja de territorio, desde la península ibérica y el Magreb en el oeste hasta Azerbaiyán en el este, ni estos manuscritos solían ser destruidos si eran descubiertos. De hecho, poseer tal objeto era un signo de estatus, riqueza y piedad. Estos documentos eran producidos con gran cuidado y a un alto costo. Se empleaban escribas profesionales y se usaban materiales de buena calidad, los mejores que podía permitirse la persona que encargaba una copia. A medida que el tiempo avanzaba, la producción de Coranes se convirtió en un arte en sí misma, con reglas precisas de geometría, líneas y formas de letras. Se aplicaban iluminaciones en varios colores, incluyendo pan de oro. Estos eran bienes preciados que ocupaban un lugar prominente y se exhibían abiertamente en mezquitas, palacios y residencias privadas.

CÓMO SE FECHAN LOS MANUSCRITOS

La primera pregunta que la gente suele hacer al ver uno de estos manuscritos es: "¿Qué tan antiguo es?" Obviamente, queremos saber cuándo fue producido un manuscrito, porque su fecha nos permite (a) entender mejor lo que el objeto puede decirnos sobre su época y (b) aplicar lo que ya sabemos sobre ese período como una lente que nos ayude a entender lo que está ocurriendo en el manuscrito mismo. Por lo tanto, la fecha es muy importante.

Sería ideal si cada manuscrito viniera con una etiqueta que indicara cuándo fue producido. De hecho, se volvió habitual en los Coranes posteriores incluir un colofón con información como el nombre del escriba y la fecha de producción. Desafortunadamente, no contamos con tales indicaciones claras para los manuscritos de los primeros siglos.

Por lo tanto, estos manuscritos se datan considerando la información que tenemos, y esto generalmente incluye aspectos como la paleografía, o el estudio del desarrollo de los estilos de escritura. Tenemos una buena idea de cuándo estuvieron en uso determinados estilos de escritura y ciertos desarrollos en las formas de escribir árabe, por lo que este detalle del manuscrito es muy importante. Las clasificaciones de estilos de escritura que se utilizan hoy en día fueron descritas por François Déroche en la década de 1980. En general, los estilos de escritura listados en un cronología aproximada de su aparición son: "hijāzī" o "māʾil" (estos dos términos se usan de manera intercambiable), O, A y B.Ia (con origen similar), C, B.II, D, E, F, y "Nuevo Estilo."[9] Estos estilos se solapan; uno estaba en auge mientras otro seguía en uso o en declive, por ejemplo, y esta afirmación solo tiene en cuenta la dimensión cronológica; sin duda, factores regionales y económicos también influyen en el panorama general. La mayoría de estos estilos tiene subcategorías. No es una ciencia exacta: por ejemplo, es común que un manuscrito coincida con la descripción del Profesor Déroche de un estilo en la mayoría, pero no en todas, de sus características definitorias. Esto no debería sorprender a nadie si se recuerda que los escribas eran humanos (los estilos personales de los escribas se observan más fácilmente en los estilos de escritura más tempranos) y que hubo una progresión en el tiempo y en la geografía.

Los manuscritos más antiguos del Corán, particularmente aquellos en los estilos "hijāzī" o "māʾil", se escribieron en su mayoría sin marcas diacríticas o con marcas diacríticas solo ocasionales para desambiguar los archigrafemas. Sin embargo, esto no significa que la única forma de desambiguar los archigrafemas fuera mediante diacríticos. De hecho, se desarrolló un sistema de escritura del *rasm* árabe que permitía una desambiguación precisa sin necesidad de esas marcas adicionales, y Thomas Milo ha denominado a este sistema "gramática de la escritura".[10]

Un segundo indicio útil puede ser las características de la página o el libro más allá de la escritura misma. El estudio de estas características se llama *codicología*.[11] La codicología plantea preguntas como estas: ¿Cuál es el material de escritura? ¿Es la página de formato vertical u horizontal? ¿Cuáles son las dimensiones de la página o el libro? ¿Cuántas líneas de escritura tiene cada página? ¿Todas las páginas tienen el mismo número de líneas o varía? ¿Cómo se dividen los versículos y los capítulos, y qué tipo de marcas se usan para ello? ¿Qué tintas se usaron? ¿Está la página iluminada con ilustraciones u otros elementos gráficos, incluidos los marcadores adicionales para representar las vocales cortas? Si es así, ¿qué colores se usaron y qué formas, estilos o tipos particulares de elementos están presentes? ¿Las líneas de las páginas están pautadas? ¿Los márgenes están pautados? ¿Existen márgenes o la escritura se extiende hasta el borde de la página? ¿Cómo (o cómo era) el libro cosido? ¿Qué tipo de encuadernación se utilizó? Estas características y muchas más pueden proporcionar detalles que ofrecen pistas adicionales sobre la antigüedad de un manuscrito.

Un tercer método para datar es probablemente el más conocido: la datación por radiocarbono. Este método se puede aplicar a cualquier cosa orgánica. Todo lo que fue alguna vez un ser vivo, es decir, todo material vegetal o animal, es orgánico. El pergamino califica y, por lo tanto, puede ser sometido a esta prueba. La razón por la que la datación por radiocarbono funciona es que un isótopo radiactivo de carbono está presente en todos los seres vivos y comienza a descomponerse lentamente a un ritmo predecible cuando el ser vivo muere. Al someter el pergamino a esta prueba se obtiene una serie de rangos de fechas basados en el probable tiempo en que la fuente (en este caso, lo más probable es que haya sido una cabra o una oveja) estuvo viva.

Obviamente, un rango de fechas por radiocarbono no puede decirnos cuándo se escribió un pergamino, pero generalmente asumimos que el pergamino no estuvo esperando durante décadas antes de recibir su primer escrito. La datación por radiocarbono no es una manera infalible de determinar las fechas de los manuscritos. Algunos manuscritos con fecha de origen conocida (por ejemplo, con un colofón u otra indicación clara del momento de escritura) han sido datados por radiocarbono con un desfase de un siglo o más con respecto a la fecha real aparente de producción. Por lo tanto, todos estos métodos deben tomarse con cautela y, en la mayoría de los casos, lo mejor es considerar todas las pistas disponibles (paleografía, codicología y, si está disponible, datación por radiocarbono) y ponderarlas juntas.[12]

PROCEDENCIA

Al tratar con cualquier artefacto antiguo, debemos considerar toda la información disponible sobre él. A primera vista, podríamos sentir la tentación de imaginar que podemos discernir todo lo importante acerca de un manuscrito únicamente a partir de sus detalles físicos: lo que dice, lo que no dice, cómo fue escrito, cómo fue ornamentado, el material sobre el que fue escrito y las tintas utilizadas, cómo fue encuadernado, si la página estaba pautada, y demás.

Sin embargo, el *contexto* de un objeto también puede ser muy importante para los historiadores. Siempre hay un contexto en el que un objeto fue producido, y han existido contextos por los que esos objetos han pasado hasta el momento de su descubrimiento (o redescubrimiento) e incluso después de su descubrimiento. Lamentablemente, no podemos viajar en el tiempo hasta el momento y lugar de producción, por lo que es muy útil saber al menos dónde se encontró el objeto, por quién, y la cadena de custodia desde ese momento. El lugar en el que se encontró un manuscrito puede ofrecer más indicaciones sobre dónde fue producido, durante qué periodo, por quién, así como sobre cómo fue usado después de su producción. La mayoría de los manuscritos discutidos en este libro no fueron encontrados recientemente en excavaciones arqueológicas, sino que fueron descubiertos en mezquitas, bibliotecas o colecciones familiares privadas transmitidas a través de generaciones y en algún momento (por ejemplo) pasaron a un puesto de mercado de pulgas o de un comerciante de antigüedades, siendo luego vendidos a un comprador atento. Aun así, la cadena de custodia es importante por varias razones, incluida la autenticación de un objeto en un mundo en el que el valor de tales elementos lleva, a veces, a falsificaciones. Ciertamente, no queremos basar nuestra investigación histórica sobre el pasado en objetos que no sean auténticos.

No entro en detalle sobre la procedencia en este libro, pero diré que gran parte de la historia moderna de los manuscritos mostrados está documentada, y que las instituciones suelen ser cautelosas con los objetos cuya procedencia no ha sido confirmada o es dudosa. Además, una vez que se toma una imagen, como una fotografía, de un objeto, esa imagen también se convierte en un objeto. ¿Quién tomó la foto, dónde y cuándo? Siempre se debe citar al fotógrafo, ya sea un miembro del personal del museo o un investigador como yo que recibió permiso para acceder, cuando esta información esté disponible. Esto se hace tanto para dar crédito donde corresponde como para describir el contexto del objeto con la debida diligencia.

Finalmente, es importante entender que una procedencia

dudosa no significa que un objeto no sea auténtico o que no deba tomarse en serio. Tampoco la existencia de una cadena de custodia sólida siempre significa que un objeto antiguo debe ser auténtico, aunque sí fortalece el caso. La atención a la procedencia es simplemente una de las mejores prácticas en arqueología que nos ayuda a hacer un trabajo de calidad y a evitar cometer errores innecesarios.

VARIANTES CONSONÁNTICAS

Dejando de lado por un momento el asunto de las correcciones en la página, existe variación en el texto consonántico (en árabe, esto se llama *rasm*) dentro de los primeros manuscritos del Corán. La forma tradicional de explicar esta variación es afirmar que representaba una flexibilidad aprobada por el propio Mahoma, reflejada en las lecturas variantes, conocidas como *qirā'āt*. De hecho, estas lecturas son diferentes del *rasm* y en la mayoría de los casos una no afecta en lo más mínimo a la otra. En realidad, la historia de la codificación o (si se quiere) canonización de estas lecturas es más compleja y, según el reciente trabajo de Shady Nasser,[13] debía menos a una raíz histórica que validara cada una de las lecturas particulares, que a preocupaciones pragmáticas o prácticas y políticas. En resumen, Nasser argumenta que las lecturas fueron seleccionadas para representar geográficamente, durante el tiempo de Ibn Mujāhid (finales del siglo IX y principios del X d.C.), los diversos centros urbanos de donde él las eligió, y no necesariamente basadas en la atestación múltiple más fuerte, como comúnmente se supone.

Otro asunto problemático para las lecturas es que los textos consonánticos de algunos de los importantes códices monumentales tempranos, como los códices de Topkapı, Estambul, y El Cairo, no reflejan un solo *rasm* regional, sino más bien lo que podría parecer una combinación de varios *rasms* regionales.[14] Este hecho lleva al preparador de sus ediciones facsimilares, el Dr. Tayyar Altıkulaç, a describir estos códices en términos de porcentajes aproximados en cuanto a su adherencia a los diversos *rasms* regionales. Tal circunstancia no es necesariamente irreconciliable con la existencia de códices regionales, pero parece indicar una imagen más compleja que requiere más investigación y explicación.

Dicho esto, muchas de las miles de correcciones que he documentado parecen no tener nada que ver con las lecturas atestiguadas en las literaturas secundarias. Por lo tanto, las correcciones deben representar al menos en algunos casos otro fenómeno, como tal vez un grado mayor de flexibilidad percibida del texto del Corán en sus primeros siglos (el tiempo de la primera producción de estos manuscritos) de lo que se documenta en la literatura de las *qirāʾāt*.

GENERALIDADES SOBRE LAS CORRECCIONES

Verás detalles sobre las correcciones en el próximo capítulo, pero no obtendrás una idea completa de la prevalencia relativa de los diferentes tipos de corrección ni de sus otras características. Por lo tanto, aquí te presento una visión general. En una corrección, algo se agrega (inserción), se elimina (borrado), se reemplaza (borrado con sobreescritura, pegado con sobreescritura o sobreescritura sin borrado) o (quizás) se oculta. Las correcciones pueden clasificarse de otras maneras, pero estos términos resumen la mecánica del asunto. La última categoría la discutiré brevemente al final del próximo capítulo.

La mayoría de las veces, he encontrado que las correcciones en un manuscrito del Corán dan como resultado la conformidad de ese manuscrito, en el punto de la corrección, con el *rasm* de la ahora estándar edición de El Cairo de 1924. Este patrón es importante y muestra un movimiento general con el tiempo hacia la conformidad, aunque no una conformidad completa e inmediata. Surgen preguntas interesantes cuando un manuscrito se corrige en un lugar pero permanece desviado (la palabra "desviado" supone un estándar y la utilizo aquí solo como una cuestión práctica) cuando se compara con la edición de El Cairo de 1924 en otros lugares. Discutiremos este escenario más adelante.

A veces, una corrección aleja un manuscrito de la conformidad con el rasm ahora estándar. La primera cuestión a considerar cuando se observa esto es si la corrección ha seguido una variante regional, y para esta posibilidad existe una literatura secundaria que consultar. Muy raramente, una corrección realmente lleva el manuscrito fuera de la conformidad con cualquier variante o lectura documentada, por lo que tales instancias son interesantes cuando se encuentran.

Debido a que cada corrección es diferente en naturaleza y significancia, sería un error sacar conclusiones de los números sin procesar, pero para fines informativos generales, aquí hay una división aproximada del número relativo de instancias encontradas hasta ahora.[15]

- Borrado sobreescrito — aproximadamente 30%
- Inserción — aproximadamente 24%
- Sobrescritura sin borrado — aproximadamente 18%

- Borrado simple — aproximadamente 10%
- Cobertura sobreescrita — aproximadamente 2%
- Cobertura — aproximadamente 16%

Factores más importantes a considerar que la mecánica de un cambio incluyen las razones aparentes para el mismo, su momento en relación con la producción inicial del manuscrito, su extensión y lo que ha sido alterado. Las preguntas relevantes sobre estos asuntos, y otros, se discutirán al final de esta introducción.

¿DÓNDE ESTÁN ESTOS MANUSCRITOS?

Debido a factores como el clima de la región en su producción y el material sobre el que generalmente fueron escritos (pergamino), un gran número de manuscritos antiguos del Corán han sobrevivido a los siglos y existen en colecciones privadas y públicas. Mi propio trabajo durante los últimos doce años ha sido un proceso emocionante de descubrimiento de (entre muchas otras cosas) dónde se encuentran. Ahora tengo una lista muy larga y, en mis viajes, he anotado colecciones tanto grandes como pequeñas. Sin duda, existen muchas de las cuales aún no tengo conocimiento, incluidas las de colecciones privadas.

Pero, en términos de una comprensión general, que es el objetivo de este libro, estos manuscritos se encuentran en diversas bibliotecas universitarias y nacionales, como las de Cambridge, Oxford, la Universidad de Birmingham, la Biblioteca John Rylands en Manchester y Berlín, así como en museos de todo el mundo, como el Museo de Arte Islámico en Doha, el Museo Tareq Rajab y el Dar Museum en Kuwait, la

British Library en Londres, la Chester Beatty Library en Dublín, el Beit al-Qurʾān en Manama y el Instituto Biruni de Estudios Orientales en Tashkent, por nombrar solo algunos. También se debe agradecer a los donantes y coleccionistas privados, como Nasser D. Khalili, que han reunido y resguardado estos objetos y que los ponen a disposición de los académicos para su estudio.

HISTORIA DEL CORÁN (TRADICIONAL)

Lo que se acepta comúnmente sobre la historia temprana del Corán nos ha llegado principalmente a través de literaturas secundarias que fueron redactadas a partir de las últimas décadas del siglo VIII (es decir, alrededor de 150-160 años después de la muerte de Mahoma). Estas literaturas, aunque alejadas en el tiempo de los eventos que describen más de lo que nos gustaría, no carecen de mérito: sin embargo, diferentes eruditos e historiadores las han abordado de maneras distintas. Discutiré este asunto más adelante; lo primero es relatar un esquema general de la narrativa tradicional, es decir, lo que la mayoría de los musulmanes y observadores casuales aceptan como "lo que sucedió". Aquí está:

Mahoma nació en 570 d.C., en La Meca. Su padre murió antes de su nacimiento y su madre cuando Mahoma aún era muy joven. A partir de entonces, Mahoma fue criado por su abuelo y luego por su tío. Cuando era un joven adulto, Mahoma comenzó a trabajar para una empresaria de La Meca llamada Jadiya, quien era considerablemente mayor que él. Cuando tenía 25 años, ella le propuso matrimonio y él aceptó.

A los 40 años, Mahoma pasaba tiempo a solas en una cueva en las colinas fuera de La Meca, donde a veces iba en busca de tranquilidad. De repente, se encontró con un ser imponente que parecía cubrir el cielo. Este ser lo agarró con fuerza y dio la orden "iqra'!" ("¡recita!"), a lo que Mahoma respondió: "¿Qué debo recitar?". Esto ocurrió tres veces, con el ser agarrándolo cada vez con más fuerza. Después de la tercera vez, la tradición nos dice que las primeras revelaciones, parte de lo que ahora es el Corán, comenzaron a salir de su boca.

Mahoma regresó a casa sudoroso, sin saber bien qué había sucedido. Fue su esposa, Jadiya, quien le informó que ese ser había sido el ángel Gabriel y que Mahoma era un Mensajero de Dios.

Este primer encuentro fue en el 610 d.C. Durante los siguientes 22 años (o aproximadamente 23 por el calendario lunar), Mahoma seguiría recibiendo revelaciones de manera ocasional. A veces eran largas y otras veces cortas. A veces se daban con intervalos cortos y en otras ocasiones pasaban largos períodos entre una revelación y otra. Cuando Mahoma recibía una revelación, normalmente comenzaba a recitarla públicamente, por ejemplo, en sus oraciones. Otros entre aquellos que se habían convertido en creyentes escuchaban, memorizaban y recitaban también, grabando y transmitiendo las revelaciones de manera oral. También existen tradiciones del hadīth que dicen que Mahoma hacía que su secretario personal, Zayd b. Thābit, escribiera las revelaciones siempre que las recibía.

Para cuando Mahoma murió en el 632 d.C., nos dicen que las revelaciones ya se habían transcrito en varios objetos dispares como tallos de palma, piedras y huesos de animales. Estos fueron recopilados, organizados y escritos como un libro (en árabe, *muṣḥaf*).

En las siguientes dos décadas, según fuentes posteriores, comenzaron a surgir desacuerdos sobre algunos fragmentos del Corán que fueron lo suficientemente significativos como para requerir una resolución del asunto mediante la producción de copias autorizadas y la destrucción de las consideradas variantes. Este proceso, nos dicen, fue llevado a cabo por el tercer califa, Otmán, quien murió en el 656 d.C. Él encargó la producción de varias copias autorizadas y las envió a los principales centros del vasto imperio árabe que él supervisaba.

La supresión de variantes por parte de Otmán no es, por supuesto, el final de la historia, incluso para el período de los manuscritos que se consideran en este libro. Estos manuscritos llegan hasta el siglo IX o posiblemente el X. No es necesario cubrir toda esa historia aquí, pero debo mencionar algunos desarrollos importantes. Para finales del siglo VII, los árabes habían conquistado territorios que se extendían desde Azerbaiyán en el Este hasta el centro de la península ibérica (vía el norte de África) en el Oeste. Por "conquistados" entendemos que habían ganado control político sobre las regiones, no que se habían asentado o saturado el campo o los territorios. La religión de Mahoma se fue extendiendo más gradualmente y de manera orgánica en estas áreas durante las décadas y siglos siguientes.

Hubo rivalidades y cambios dinásticos tanto a nivel regional como a lo largo del tiempo. No es necesario cubrir todo esto aquí, pero algunos puntos destacados incluyen el inicio de la dinastía de los omeyas con la muerte de ʿAlī, el cuarto califa, quien también era primo y yerno de Mahoma, en el 661 d.C. Los omeyas mantuvieron la autoridad sobre la mayor parte del reino árabe hasta la revolución abasí en el 750 d.C., y los abasíes, aunque cambiaron de capitales (Bagdad,

Kufa, Samarra, etc.), mantuvieron el control hasta mediados del siglo XIII.

CUESTIONES DIFÍCILES

Algunos aspectos del Corán, así como algunos aspectos de los registros históricos del contexto más amplio de su transmisión, incluidos los detalles de las personas y los eventos en el primer siglo del Islam, son un enigma para los historiadores. En su mayor parte, el lenguaje del Corán no es complicado. Sin embargo, contiene palabras y frases que parecen haber sido inescrutables incluso para los exégetas creyentes desde los primeros siglos de su historia. Entre ellas se encuentran palabras cuyo significado incluso los primeros comentaristas tuvieron que adivinar.

Para un libro que afirma ser una revelación de Dios contener misterios, por supuesto, no sería sorprendente. Sin embargo, algunas personas han planteado la cuestión de cómo se puede reconciliar tal circunstancia con la afirmación interna del Corán de haber sido "revelado en una lengua árabe clara (*mubīn*)" (Q16:103).[16]

Devin Stewart, al considerar palabras que rompen la estructura de rima de un pasaje, ha planteado la posibilidad de que el *rasm* en algún momento haya sido malvocalizado en ciertos lugares por una generación posterior que no contó con el beneficio de una tradición oral continua y completa.[17] Tal teoría, si fuera cierta, alteraría las suposiciones tradicionales sobre la historia de la transmisión del Corán. En cualquier caso, una revisión extensa del sistema de vocalización del texto del Corán, es decir, un revisionismo importante, probablemente no sea necesario. Sin embargo, creo que es completamente apropiado considerar el texto de la manera en que lo ha hecho Devin, y las palabras de rima serían solo indicadores que resaltan un fenómeno más amplio. Si ha ocurrido con palabras que deberían rimar, sería irracional pensar que no haya sucedido en otros casos también; y el siguiente paso lógico sería considerar palabras que hoy en día presentan dificultades para los exegetas o que parecen estar fuera de lugar. ¿Podría leerse el *rasm* de una manera que tenga sentido pero que esté fuera de la tradición recibida de lectura? La pregunta ha sido considerada.[18]

A continuación, se presentan algunos ejemplos que resaltan cuestiones interesantes y problemas que los estudiosos críticos han estado intentando abordar en los últimos años:

1) La **topografía y otras características de La Meca** no parecen coincidir con las descripciones en el Corán. El Corán en sí no es rico en detalles narrativos, pero esto no significa que las descripciones estén completamente ausentes. Cuando se observa detenidamente, se pueden notar elementos sólidos. Por ejemplo, la fallecida Patricia Crone notó los detalles agrícolas en el versículo 36, que mencionan granos, palmeras datileras, uvas, así como manantiales que brotan, con algunos ecos de estas referencias agrícolas también apareciendo en el versículo 56. Estas descripciones están relacionadas con los paganos locales a quienes Muhammad debía advertir por orden de Alá. Ella señala muchas otras referencias agrícolas, la mayoría de las cuales parecen bastante desconectadas de la realidad de La Meca.[19]

2) La **arqueología de La Meca** no parece respaldar las afirmaciones tradicionales de que el lugar donde Muhammad

creció y recibió las revelaciones era una ubicación que había visto el auge y la caída de muchas civilizaciones anteriores.

3) Las **características lingüísticas** del Corán, en opinión de algunos lingüistas[20] pero no de otros,[21] plantean preguntas sobre su lugar de origen. Estas no son, quizás, preguntas irreconciliables en este momento con los amplios contornos de la narrativa tradicional, pero tampoco son insignificantes.

4) El **qibla**, o dirección de la oración, está determinado por la orientación de la pared de la mezquita que contiene su *miḥrāb*, el nicho en la pared que designa esta dirección. Un investigador reciente, Dan Gibson, ha señalado que los cimientos sobrevivientes de todas las mezquitas más antiguas hasta aproximadamente el 706 d.C. no apuntan hacia La Meca en absoluto, sino más bien considerablemente más al norte,[22] y parece que este es realmente el caso. Después del 706, Gibson observa que los qiblas empezaron a orientarse hacia una dirección más al sur de la dirección original, pero aún al norte de La Meca, y el primer qibla que encontró apuntando hacia La Meca data aproximadamente del 727 d.C. De hecho, algún proceso de desarrollo de la dirección de la oración está atestiguado en las literaturas de la época, con algunas indicaciones de que la dirección era inicialmente solo hacia el este,[23] aunque estas fuentes divergen de otras que indican que Muhammad designó el qibla primero hacia Jerusalén y luego hacia La Meca en un momento específico durante su vida.[24] El tiempo dirá dónde se sitúa la investigación sobre este asunto a medida que se dirija más atención hacia la reconciliación de la arqueología con las literaturas históricas contemporáneas y otras fuentes.

La aparente diferencia entre lo que dice la Biografía de Muhammad (escrita por Ibn Isḥāq y revisada por Ibn Hishām) sobre este asunto y lo que se observa en los cimientos de las mezquitas resalta un problema más grande y bastante conocido que se mencionará nuevamente más adelante: la fiabilidad de las literaturas secundarias existentes, como las historias, las colecciones de ḥadīth, los informes biográficos, etc. Existe una extensa literatura en árabe de los siglos VIII y IX relacionada con la historia del siglo anterior, pero los documentos contienen desacuerdos internos, a veces sin una pista clara para determinar cuál de los relatos (si es que hay alguno) es verdadero. No es raro encontrar informes igualmente "fiables" que son contradictorios.[25]

5) Los **manuscritos** respaldan algunos aspectos de la narrativa tradicional, como el período aproximado durante el cual los materiales coránicos llegaron a ser escritos (por ejemplo, tenemos partes de manuscritos del Corán que parecen datar del siglo VII medio), y a menudo confirman la existencia de muchas de las lecturas variadas que están atestiguadas en las literaturas secundarias del siglo siguiente, pero otras características presentan un enigma y necesitan ser aclaradas.

Primero, muchos manuscritos no siguen una sola lectura, sino que parecen — para una persona que opera desde el punto de vista de las lecturas canónicas documentadas — moverse entre lecturas sin un patrón discernible. Esto no es un problema, sino que enfatiza la pregunta: "¿Cuál era el lugar de las lecturas en el momento de la producción de estos manuscritos?"

En segundo lugar, existen páginas enteras de pergamino que han sido lavadas o de alguna manera limpiadas del material coránico y luego reescritas. Estas hojas, llamadas palimpsestos, son las correcciones más extensas que han llegado hasta nosotros. Lo maravilloso de estos documentos es que en muchos casos lo que se escribió originalmente en estas páginas puede ser discernido, ya sea a simple vista o mediante el uso de tecnología que capta el texto anterior. No he enfatizado esto en mi investigación ya que otros como Alba Fedeli, Elisabeth Puin, Asma Hilali, Éléonore Cellard, Behnam Sadeghi y Mohsen Goudarzi han estado trabajando con ellos, pero haré referencia a estos cuando sea apropiado en trabajos posteriores.

En tercer lugar, dado el carácter monumental de lo que la tradición informa que hizo el tercer califa, Otmán, con la estandarización del texto — la supresión de variantes mediante la quema u otros medios de destrucción, y la producción de copias autorizadas que luego debían servir como ejemplares y estándares contra los cuales se medirían las copias posteriores — es curioso que no se haya identificado de manera confiable ninguna copia existente hoy como una de estas copias autorizadas, y que las que se afirman como tales parecen haber sido producidas mucho después del tiempo de Otmán. Ciertamente existe evidencia en el texto inferior de los mencionados palimpsestos de que existieron formas anteriores del texto, pero esto no resuelve el problema de la aparente falta de copias de Otmán hoy en día. Estos documentos habrían sido objetos extremadamente importantes, por lo que esperaríamos que se hubieran preservado.

En cuarto lugar, la existencia de manuscritos que fueron finamente producidos pero que a veces fueron corregidos después de un largo período de tiempo es interesante y presenta un desafío a la noción de que existía una estricta uniformidad y acuerdo generalizado sobre cada detalle, cada palabra y letra, como se esperaría encontrar si hubiera habido un acuerdo generalizado sobre un estándar desde una fecha muy temprana, como la época del califato de Otmán. Discutiré algunas de mis ideas sobre este asunto en "Conclusiones".

¿POR QUÉ SE HICIERON CAMBIOS?

No todas las correcciones de manuscritos son iguales; cada una tiene un contexto y una situación que involucra tiempo, lugar, materiales de escritura, entorno, ejemplar, erudito, escriba, etc.

La causa más obvia que cualquiera de nosotros puede imaginar, si nos ponemos en el lugar de un escriba, es cometer un simple error al copiar o escribir, darse cuenta del error y corregirlo poco después.

Un escenario de error-corrección simple encaja con lo que vemos en algunas correcciones de manuscritos del Corán, donde la tinta, la pluma y el estilo de escritura parecen coincidir con los del resto de la página. Sin embargo, no encaja con todos los casos. En muchos casos, hay claramente otros factores en juego. Aquí hay algunas de las preguntas que me hago para pensar cuidadosamente sobre lo que está sucediendo en una situación determinada:

- ¿Existe una razón discernible que haya podido causar un simple error? Una de las razones comunes de errores en la transcripción de manuscritos a partir de un ejemplar, por ejemplo, es la repetida ocurrencia de una palabra o secuencia de palabras en proximidad. Un escriba puede terminar de copiar la primera instancia de la palabra o secuencia, ir a mojar la pluma en la tinta y accidentalmente comenzar a escribir nuevamente

después de la segunda ocurrencia de la palabra o secuencia. Esto podría ser notado más tarde y corregido. Este tipo de escenario u otros similares no son infrecuentes en la transmisión de manuscritos.
- ¿Hubo un largo periodo de tiempo entre la primera escritura y el momento(s) de la corrección? *Esta pregunta se puede profundizar preguntando lo siguiente:*

1. ¿Parece que los materiales de escritura (tinta y grosor de la pluma, por ejemplo) utilizados en la corrección son similares a los utilizados en la producción inicial?
2. ¿El estilo de escritura es diferente al de la página principal? ¿Es un estilo de escritura posterior, uno que se hizo popular en otro periodo? ¿Es de una dimensión diferente (por ejemplo, más alto o más bajo), o tiene un ángulo de pluma diferente, o fue escrito por una persona con diferente nivel de habilidad o caligrafía?
3. ¿Hay una diferencia de ortografía (es decir, las convenciones de escritura que sabemos que se desarrollaron con el tiempo) entre la página escrita inicialmente y la parte que ha sido corregida? ¿Es la corrección en sí misma tal vez un asunto relacionado con esta cuestión?

Aquí algunas preguntas adicionales a considerar:

- ¿Muestra la página signos de haber sido corregida más de una vez, en diferentes momentos?

Correcciones en los Manuscritos Antiguos del Corán 23

- ¿Qué hizo la corrección? ¿Podemos ver o suponer lo que estaba escrito originalmente?
- ¿Cuál fue el resultado de la corrección? ¿Está el *rasm* corregido en armonía con el *rasm* del texto estándar de hoy en día? Si no es así, y si la naturaleza de la variante puede atribuirse a normas ortográficas diferentes, ¿su ortografía se alinea con otros manuscritos de la misma época? Si no lo hace, o si la diferencia no puede ser atribuida a ortografía variante, ¿se alinea con alguna de las lecturas variantes reconocidas en la literatura de las *qirāʾāt*?
- Si la página ha sido corregida, ¿cómo se ve el resto de la página? ¿Existen otras partes de la página que permanecen fuera de conformidad con el *rasm* estándar actual, y si es así, qué podría significar esto respecto al momento en que este documento fue corregido o respecto a la persona que lo corrigió?

Obviamente, hay otras preguntas que uno podría hacer, pero espero que empieces a ver cómo tratamos de desentrañar estos materiales y darles sentido. Verás estas preguntas en acción a medida que pasemos ahora al contenido principal de este libro, y también podrás hacerlas tú mismo mientras examinas cada ejemplo.

---

1. Uso el término "corrección" por conveniencia, pero pido a los lectores que por favor noten que la palabra en sí misma conlleva un juicio de valor que no necesariamente tengo la intención de aplicar en cada caso. ¿Era lo que se escribió originalmente necesariamente menos "correcto"? ¿Es lo que ahora está escrito siempre y necesariamente más "correcto"? La

mayoría de las veces, los cambios que encontramos en los manuscritos del Corán resultan en algo que se parece más o menos al *rasm* del texto estándar de El Cairo de 1924, pero existen excepciones. Así que, por favor, tengan en cuenta que cuando uso el término "corrección", mi intención es simplemente referirme a un cambio físico en la escritura en algún momento.

2. Déroche, François, *Qur'ans of the Umayyads: A first overview*, (Leiden: Brill, 2014), 17.
3. Ibid.
4. Ansorge, Catherine, "Cambridge University Library Islamic Manuscript Collection. Origins and Content," *Journal of Islamic Manuscripts* 7 (2016): 139-40; Soskice, Janet, *The Sisters of Sinai: How Two Lady Adventurers Discovered the Hidden Gospels,* (Nueva York: Alfred A. Knopf, 2009). Estos fuentes están en inglés. El último cuenta la fascinante historia de cómo estas dos mujeres escocesas viajaron al norte de África y consiguieron importantes manuscritos bíblicos y coránicos que hoy se conservan en lugares como la Biblioteca de la Universidad de Cambridge.
5. A. Chester Beatty fue un exitoso empresario estadounidense que utilizó su riqueza para muchas causas benéficas, entre las cuales se encontraba la adquisición de manuscritos y otros objetos históricos. Entre los tesoros que coleccionó se encuentran algunos de los fragmentos de papiro más antiguos del Nuevo Testamento, así como muchos fragmentos y manuscritos completos del Corán, algunos de ellos bastante tempranos. La mayor parte de su colección se encuentra hoy en la Biblioteca Chester Beatty, ubicada en el Castillo de Dublín.
6. Ansorge, Catherine, "Cambridge University Library Islamic Manuscript Collection. Origins and Content," *Journal of Islamic Manuscripts* 7 (2016): 135.
7. No pretendo con esta comparación sugerir que el Corán pertenezca a la misma categoría, en cuanto a revelación, que la Biblia hebrea y el Nuevo Testamento. Solo la menciono para señalar similitudes y diferencias en el contexto y las circunstancias que pudieron haber influido en el desarrollo de las diversas historias de transmisión.
8. El papiro también estuvo en uso extensivo durante este período. Debido a su menor costo, era el material de escritura preferido para muchos documentos administrativos y transaccionales, así como para la correspondencia habitual. De hecho, también existen ejemplos de manuscritos del Corán escritos en papiro. Los pocos que he visto (hay un par en la Biblioteca Bodleiana de Oxford, por ejemplo) son pequeños fragmentos. Según mi entendimiento, existen una cantidad considerable de manuscritos del Corán en papiro, pero aún no he tenido la oportunidad de conocer su número o calidad. El punto aquí es que el uso del pergamino

estaba muy extendido, y es, al menos en parte, debido a este hecho que hoy disponemos de tantas páginas bien conservadas de los primeros Coranes.

9. Déroche, François, *The Abbasid Tradition: Qur'ans of the 8th to the 10th centuries AD*, (Londres: Nour Foundation, 1992); Déroche, François, *Qur'ans of the Umayyads: A first overview*, (Leiden: Brill, 2014).

10. Milo, Thomas, "Towards Arabic historical script grammar through contrastive analysis of Qur'ān manuscripts," en *Writings and Writing: Investigations in Islamic Text and Script in honour of Januarius Justus Witkam*. Kerr, Robert y Thomas Milo, eds. (Cambridge: Archetype, 2013), 249-92.

11. Déroche, François, *Islamic Codicology: an introduction to the study of manuscripts in Arabic script*, (Londres: Al-Furqān Islamic Heritage Foundation, 2006).

12. Dutton, Yasin, "An Umayyad Fragment of the Qur'an and its Dating," en *Journal of Qur'anic Studies* 9, no. 2 (2007): 57-87.

13. Nasser, Shady, *The Transmission of the Variant Readings of the Qur'an: The Problem of Tawātur and the Emergence of Shawādhdh*, (Leiden: Brill, 2012).

14. Lo que parece ser una combinación de otras lecturas atestiguadas, por supuesto, puede ser simplemente su propia lectura.

15. Estas cifras aproximadas provienen principalmente de mi propio trabajo, pero también tienen en cuenta algunas correcciones en varios manuscritos encontrados por mi amigo y antiguo asistente de investigación, Dr. Roy Michael McCoy III. Hay una gran cantidad de material adicional en mis propias notas y fotografías que aún no se ha incluido en estos números, y sin duda otros añadirán a este cuerpo de investigación en el futuro, pero en este momento no espero un cambio importante en las proporciones relativas.

16. Ibn Kathīr, Ismāʿīl, *Tafsīr al-qur'ān al-ʿaẓīm*, (Beirut: Dar el-Marefah, 2003), 894-5. Los comentarios (de los cuales Ibn Kathīr es solo uno que representa una especie de culminación al tomar en cuenta las fuentes históricas y exegéticas anteriores) sitúan este versículo en el contexto de las acusaciones contra Mahoma de que le habían enseñado el Corán por otra persona, en particular un sirviente extranjero que solo hablaba un poco de árabe. Este versículo, entonces, es visto por los comentaristas como una respuesta en la que implícitamente se formula una pregunta retórica: "¿Cómo podría un extranjero ser la fuente de versos compuestos en árabe puro?"

17. Stewart, Devin J., "Divine Epithets and the *Dibacchius*: Clausulae and Qur'anic Rhythm," *Journal of Qur'anic Studies* 15.2 (2013): 22-64. Para una discusión más detallada sobre la rima como característica organizativa, véase *The Qur'an: A historical-critical introduction*, (Edinburgh: Edinburgh University Press, 2017), 16-20.

18. Luxenberg, Christoph, *The Syro-Aramaic reading of the Koran: A contribution to the decoding of the language of the Koran*, (Berlin: Verlag Hans Schiler, 2007); Bellamy, James A., "Some Proposed Emendations to the Text of the Koran," *Journal of the American Oriental Society* 113, no, 4 (1993); Bellamy, James A., "More Proposed Emendations to the Text of the Koran," *Journal of the American Oriental Society* 116, no. 2 (1996).
19. Crone, Patricia, "How did the quranic pagans make a living?" *Bulletin of SOAS* 68, no. 3 (2005): 387-399.
20. Durie, Mark, *The Qur'an and its biblical reflexes: Investigations into the genesis of a religion*, (Lanham: Lexington Books, 2018), 16-17, 42-43 (nota 22).
21. Nicolai Sinai (ibid., 42-43); van Putten, Marijn, "Hamzah in the Quranic Consonantal Text," en *Orientalia* 87 no. 1 (2018): 93-120.
22. Gibson, Dan, *Qur'ānic Geography: A survey and evaluation of the geographical references in the Qur'ān with suggested solutions for various problems and issues* (Altona: Independent Scholars Press, 2011).
23. Sharon, Moshe, "Qibla Musharriqa and early Muslim prayer in churches," en *The Muslim World* Vol. LXXXI, Nos. 3-4 (1991).
24. "Y cuando el *qibla* fue cambiado de Siria hacia la Kaʿba — fue cambiado en Rajab, al principio del decimoséptimo mes después de la llegada del apóstol a Medina — Rifāʿa b. Qays; Qardam b. ʿAmr; Kaʿb b. al-Ashraf; Rāfiʿ b. Abū Rāfiʿ; al-Hajjāj b. ʿAmr, un aliado de Kaʿb; al-Rabī b. al-Rabīʿ b. Abū'l-Ḥuqayq; y Kināna b. al-Rabī b. Abū'l-Ḥuqayq se acercaron al apóstol preguntándole por qué había cambiado la dirección del *qibla*, a la que solía orientarse, cuando él afirmaba que seguía la religión de Abraham. Si regresaba al *qibla* en Jerusalén, lo seguirían y lo declararían verdadero. Su único propósito era desviarlo de su religión, por lo que Dios reveló sobre ellos: 'Las personas necias dirán: ¿Qué les hizo volverse de la *qibla* a la que antes se orientaban? Di: A Dios le pertenecen el este y el oeste. Él guía a quien quiere hacia el camino recto. Así hemos hecho de vosotros una comunidad central, para que seáis testigos contra los hombres y el apóstol sea testigo contra vosotros. Y designamos la *qibla* que antes observabais solo para saber quién seguirá al apóstol y quién se dará la vuelta sobre sus talones', es decir, para probar y descubrir a los que se desvían. 'Ciertamente fue una dura prueba, excepto para aquellos a quienes Dios guió', es decir, una tentación, es decir, para aquellos a quienes Alá estableció. 'No fue propósito de Alá hacer vana vuestra fe,' es decir, vuestra fe en el primer *qibla*, vuestra creencia en vuestro profeta, y vuestra obediencia hacia él respecto al *qibla* posterior, para que os dé la recompensa de ambos. 'Dios es amable y compasivo con los hombres.'" Guillaume, A., *The Life of Muhammad: A translation of Ibn Isḥāq's* Sīrat Rasūl Allāh, (Oxford: Oxford University Press, 1955), 258-9. Traducido de la edición en inglés.

25. Un ejemplo es lo que relata el historiador al-Ṭabarī sobre la respuesta de Mahoma a la pregunta de si fue Isaac o Ismael quien Abraham llevó al monte para sacrificar. La mitad de los relatos dicen que Mahoma respondió "Isaac", y la otra mitad dice que respondió "Ismael". Brinner, William M., trad., *The History of al-Ṭabarī, volume II: Prophets and Patriarchs* (Albany: State University of New York Press, 1987), 82-97.

2

LAS CORRECCIONES

He elegido los siguientes ejemplos para esta introducción al rango del fenómeno. Podría haber elegido fácilmente otros veinte, y en entregas posteriores podría hacerlo. A continuación se incluyen correcciones de varios tipos (borraduras, borraduras reescritas, reescrituras sin borrado e inserciones), así como de diferentes estilos de escritura que representan diferentes periodos tempranos (siglos VII, VIII y IX d.C.).

Dado que entiendo que muchos lectores de este libro no hablan ni leen árabe, he hecho un esfuerzo por explicar cada cambio de manera clara, de forma que no sea ininteligible para los no especialistas. La traducción y los elementos gráficos deberían servir para este propósito, al mismo tiempo que incluyen suficientes detalles técnicos para satisfacer a quienes los deseen. Aún habrá elementos difíciles para los que no hablan árabe, pero confío en que el punto principal será entendido a partir de las fotografías y las descripciones que acompañan.

Ejemplo 1: Inserción post-producción de una palabra en un Corán monumental del siglo VIII

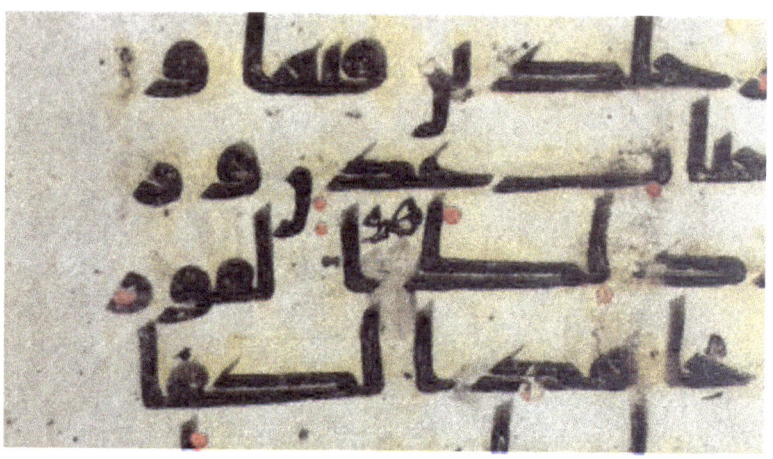

FIGURA I: Topkapı al-muṣḥaf al-sharīf, *fol. 122v. (Fuente: Altıkulaç, Tayyar, Ed.* Al-Muṣḥaf al-Sharif attributed to ʿUthmān bin ʿAffān (The copy at the Topkapı Palace Museum). *Estambul: IRCICA, 2007.)*

Esta inserción se encuentra en el códice Topkapı, comúnmente conocido como el Topkapı *al-muṣḥaf al-sharīf*. Este códice, compuesto por 408 folios en pergamino, se distingue por ser uno de los manuscritos completos más antiguos del Corán (aunque faltan dos folios y otros parecen haber sido reemplazados en una fecha temprana). Fue enviado al sultán Mahmud II en 1811 como regalo de M. Ali Pasha, entonces gobernador de Egipto, y ha estado en el Museo del Palacio Topkapı desde su llegada allí en 1811.[1]

El códice Topkapı ha sido atribuido tradicionalmente al tercer califa, ʿUthmán, un Compañero de Mahoma que murió en el 656 d.C., unos 24 años después de la muerte de Mahoma. Como suele ocurrir con la opinión popular, la atribución no es correcta; este códice probablemente data de un siglo después, es decir, de mediados del siglo VIII d.c. Es un asunto delicado desafiar la atribución a ʿUthmán, por lo que la declaración del Sr. İhsanoğlu, el Director General fundador de IRCICA y Secretario General de la Organización de la Conferencia Islámica, es admirable y tiene peso:

> A juzgar por su ilustración, el *Muṣḥaf* del Museo Topkapı no data ni de la época en que se escribieron los *Muṣḥafs* del califa Otmán ni de la época en que se escribieron las copias basadas en estos *Muṣḥafs*. Dado que los *Muṣḥafs* del período temprano tomaban como modelo los atribuidos al califa Otmán, no tienen elementos de iluminación. [...] Este *Muṣḥaf* [...] no constituye una muestra del período temprano de la escritura de *Muṣḥafs* debido a una serie de características [...]. Lo más probable es que pertenezca al período omeya.[2]

El Códice Topkapı es un manuscrito monumental del Corán relativamente temprano, casi completo y bellamente producido. Espero poder discutirlo más a fondo en trabajos posteriores.

He registrado 25 instancias de corrección en los 408 folios del Topkapı *al-muṣḥaf al-sharīf*. Este, junto con los ejemplos 11 y 14, son representativos. La fotografía de arriba muestra una inserción de la palabra هو *huwa*, "es", de Q9:72. En el Corán de 1924, la frase afectada de este versículo dice *wa-riḍwānun mina llāhi akbaru dhālika* **huwa** *'l-fawzu 'l-ʿaẓīmu* "y el beneplácito de Alá es mayor, **ese es** el gran triunfo".

Las palabras *dhālika huwa* juntas significan "eso es", pero *dhālika* solo, que era parte de la página tal como se escribió originalmente, transmite el mismo significado básico. En otras palabras, esta corrección en particular resultó en un manuscrito que ahora está en conformidad con el *rasm* estándar actual, pero no tuvo un efecto semántico notable.

Esta es claramente una corrección post-producción. Ha sido realizada con una mano, plumilla y estilo diferentes. Es mi opinión que hubo un periodo de tiempo considerable entre la producción y la corrección.

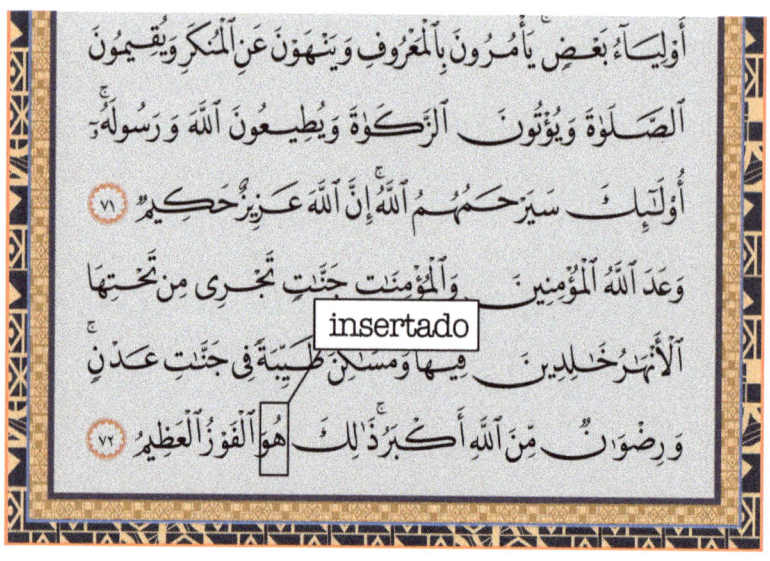

FIGURA 2: Ilustración de la ubicación de la corrección en el Ejemplo 1, comparado con el Mushaf aprobado por Al-Azhar, disponible en mushafmuscat.com, que se basa en la edición de El Cairo de 1952. [La edición de 1952 corrigió algunos errores de la edición de El Cairo de 1924. El mushaf muscat *es básicamente la edición corregida de 1924 con puntuación de estilo omaní. Además, el* mushaf muscat *sigue el formato de Medina, con 604 páginas y un número de verso al final de cada página para todo el Corán, a diferencia de la edición de El Cairo, que tiene un texto continuo a lo largo de 827 páginas. El rasm es el mismo entre estas ediciones, excepto por la posición de algunos caracteres ambidiestros. Para más detalles sobre las ediciones de 1924 y 1952, véase Puin, Gerd-R, "Quellen, Orthographie und Transkription moderner Drucke des Qur'ān," in Vom Koran Zum Islam, Groß, Markus and Karl-Heinz Ohlig, Eds. 606-641.* **Las figuras siguientes se referirán a esto como "el texto de El Cairo de 1924" para mayor simplicidad.**]

Ejemplo 2: Borrado post-producción reescrito en un Corán del siglo I/VII

FIGURA 3: *BnF* arabe 328, fol. 58v.

Este ejemplo proviene del BnF *arabe* 328b, parte del *Códice Parisino-Moscovita*, que comprende el BnF *arabe* 328a y 328b, así como otros folios que actualmente se encuentran en la Biblioteca Nacional de Rusia en San Petersburgo, la Biblioteca Vaticana y la Colección Nasser D. Khalili de Arte Islámico en Londres.[3]

François Déroche ha trabajado con este códice durante muchos años y lo ha descrito con gran detalle. Según su opinión, data del tercer cuarto del siglo VII, específicamente entre los años 671 y 695 d.C.[4] El Dr. Altıkulaç lo coloca igualmente (refiriéndose al *arabe* 328a) en el siglo VII y, al igual que Déroche, considera que no fue una de las copias producidas por Otmán, sino una copia de una de ellas o una copia de una copia. Aunque Déroche es cauteloso al ubicarlo geográficamente,⁵ Altıkulaç ve evidencias de su origen en Damasco y sugiere que pudo haberse copiado del códice que Otmán envió allí, o de una copia basada en él.⁶ El *Códice Parisino-Moscovita* tiene muchas características distintivas interesantes que están fuera del alcance de este libro.

La fotografía arriba muestra un lugar donde la página ha sido borrada y reescrita. Los borrados generalmente se realizaban raspando la tinta con una piedra pómez; este proceso deja arañazos en el pergamino. A menudo se hacía de manera muy precisa, siguiendo la forma general de las letras borradas. Las marcas de borrado son claras en este punto y he observado esta página en dos ocasiones distintas. El cambio ha sido realizado por una mano diferente, con un punzón distinto y tinta diferente a la del resto de la escritura en la página. Entre otras cosas, la *lām* (la extensión vertical a la derecha) es menos firme y más vertical, en contraste con la inclinación hacia la derecha del resto de la página, incluyendo la *lām* aparente que fue borrada.

Esta corrección ocurre en el verso Q42:21, y es la segunda de tres instancias de لهم *lahum* en este verso tal como aparece en la edición de El Cairo de 1924. Lo que fue escrito inicialmente aquí parece haber sido *lām-he*, es decir, la palabra compuesta árabe *lahū*, "para él". Ha sido reemplazada por *lām-he-mīm*, es decir, *lahum*, "para ellos (masc.)". Por lo tanto, el modo en que esta página fue escrita originalmente habría tenido el siguiente significado: "¿O acaso tienen asociados que legislaban para **él** una religión que Alá no permitió?", en lugar del texto estándar actual que dice: "¿O acaso tienen asociados que legislaban para **ellos**...?", etc. El pronombre en tercera persona singular se utiliza en el verso anterior, y como estaba originalmente escrito en esta página, el verso 21 podría haberse leído con "para él" refiriéndose al individuo hipotético mencionado en el verso 20, que desea la labranza del Más Allá.

La forma en que la página está escrita después de este cambio corresponde en este punto con el texto consonántico del Corán de 1924. Esta corrección no es la única en esta página del manuscrito; hay al menos dos más, incluida una borrosidad tres líneas antes.

FIGURA 4: Ejemplo 2 comparado con el texto de El Cairo de 1924

Ejemplo 3: Múltiples inserciones post-producción de "allāh" en varios Coranes de los siglos I/VII y II/VIII

FIGURA 5: Nueve inserciones de allāh *en varios manuscritos (Fuente de la imagen de San'ā' [esquina inferior derecha]: CD de la UNESCO de los Coranes de San'ā')*

La figura anterior no es una sola, sino una imagen compuesta que muestra nueve diferentes inserciones manuscritas de la palabra *allāh*[7] ("Dios") en lugares donde esta palabra fue omitida en el momento de la producción inicial de los manuscritos. Hasta ahora, he catalogado alrededor de una docena de tales casos en manuscritos del Corán producidos en los siglos VII y VIII, la mayoría de ellos en el Códice Omeya de Fustat, y me ha fascinado descubrir que, entre todas las cosas que un escriba podría "olvidar", *allāh* sería una de ellas. De hecho, no creo que *allāh* haya sido realmente olvidado en todos estos casos; en casi cada uno de los ejemplos mostrados arriba, Alá es el sujeto implícito pero no es gramaticalmente necesario. Esta recurrencia de correcciones similares en diferentes lugares me parece una evidencia, tal vez, de un grado temprano de flexibilidad en los manuscritos, y probablemente también refleja la naturaleza oral de la transmisión (dado que los manuscritos no se producen en un vacío), que en algún momento posterior se orientó hacia la uniformidad.

A continuación, se ofrece una descripción de cada uno de los casos anteriores, de izquierda a derecha y de arriba a abajo:

EL "CÓDICE OMEYA DE FUSTAT"

Muchos manuscritos completos han sido fragmentados en secciones y permanecen separados hoy en día en diferentes bibliotecas y museos. Tal es el caso de un códice que François Déroche ha denominado el *Códice Omeya de Fustat*. Él cree que podría ser, posiblemente, el códice enviado por al-Ḥajjāj a la mezquita de ʿAmr, o el que fue hecho por ʿAbd al-ʿAzīz b. Marwān en respuesta a esta acción.[8] Sea cual fuere el caso, este códice aparentemente permaneció en la mezquita de ʿAmr durante mil años, hasta principios del siglo XIX, cuando las diversas porciones fueron adquiridas por Jean-Joseph Marcel y finalmente llegaron a Europa.[9] Los fragmentos del manuscrito ahora existen bajo cuatro números de llamada: tres en Rusia (Marcel 11, Marcel 13 y Marcel 15) y uno en París (BnF *arabe* 330c).[10] Este manuscrito está escrito en el estilo de escritura O I[11] y probablemente fue producido en la primera parte del siglo VIII d.C.

El *Códice Omeya de Fustat* tiene muchas características interesantes. El profesor Déroche lo ha descrito en detalle, y yo mismo he observado de cerca todos sus folios, tanto en

París como en San Petersburgo. La característica interesante que destaco en este ejemplo de cambio (que en realidad consiste en siete cambios en este códice y dos en otros) es la aparente estandarización tardía de varias instancias de *allāh*. A continuación, se describe cada una de ellas, de izquierda a derecha y de arriba a abajo, con el manuscrito y folio listados, así como la particular instancia de *allāh* que fue omitida y luego insertada, mostrada en **negrita**:

1. NLR Marcel 11, 7v. Q33:18, *qad yaʿlamu* **llāhu** *ʾl-muʿawwiqīn minkum,* "Ciertamente, **Alá** sabe quiénes de ustedes obstaculizan a otros…" Esto es una corrección sobre un borrado, pero casi con certeza es el *allāh* que faltaba anteriormente; si este fue el caso, el *yaʿlamu* fue borrado y ambas palabras fueron luego escritas. De este modo, antes del cambio, este manuscrito habría leído: "Ciertamente, **él** sabe quiénes de ustedes obstaculizan a otros…"

2. NLR Marcel 11, 8r. Q33:24, *li-yajziya* **llāhu** *ʾl-ṣādiqīn bi-ṣidqihum,* "Para que **Alá** recompense a los veraces por su veracidad…". Antes de la inserción, este manuscrito decía: "Para que **él** recompense a los veraces por su veracidad".

3. NLR Marcel 11, 10v. Q33:73, *wa-yatūba* **llāhu** *ʿalā ʾl-muʾminīna wa-ʾl-muʾmināt,* "Y que **Alá** perdone a los hombres y mujeres creyentes". Antes de la inserción, este manuscrito decía: "Y que **él** perdone a los hombres y mujeres creyentes".

. . .

4. NLR Marcel 11, 12v. Q41:21, *qālū ʾanṭaqanā* **llāhu** *lladhī anṭaqa kulla shayʾin*, "Dirán: '**Alá**, quien dio habla a todos, nos dio habla a nosotros'". Antes de la inserción, este manuscrito decía: "Dirán: '**él**, quien dio habla a todos, nos dio habla a nosotros'".

5. NLR Marcel 13, 20v. Q22:40, *yudhkaru fīhā smu* **llāhi** *kathīran*, "En la cual se menciona frecuentemente el nombre **de Alá**". Antes de la inserción, este manuscrito decía: "En la cual se menciona frecuentemente el nombre".

6. NLR Marcel 13, 23r. Q24:51, *duʿū ʾilā* **llāhi** *wa-rasūlihī*, "Son llamados hacia **Alá** y su Mensajero". Antes de la inserción, esta página parece tener una lectura no viable debido a la presencia de la *wāw* ("y"). Por lo tanto, no está claro qué podría haber estado ocurriendo en esta frase.

7. NLR Marcel 13, 26r. Q35:11, *inna dhālika ʿalā* **llāhi** *yasīrun*, "Eso es ciertamente un asunto fácil para **Alá**". Antes de esta inserción no está claro cómo o si este manuscrito hubiera sido leído de manera coherente en este punto.

OTROS MANUSCRITOS

8. NLR Marcel 21, 4v, linea 11. Q9:93, *wa-ṭabaʿa* **llāhu** *ʿalā qulūbihim*, "Y **Alá** ha puesto un sello sobre sus corazones".

Antes de esta inserción, el manuscrito decía: "Y **él** ha puesto un sello sobre sus corazones".

MARCEL 21 ES un fragmento horizontal en pergamino de 12 folios en 3 cuadernillos. Es un fragmento compuesto, ya que el tercer cuadernillo, los folios 9-12 (dos bifolios), claramente provienen originalmente de un códice diferente a los dos primeros cuadernillos. Dado que esta inserción proviene del folio 4, solo describiré esa porción de este manuscrito. Sus páginas miden aproximadamente 17,9 cm de alto por 29,5 cm de ancho (alrededor de 7 pulgadas por 11,6 pulgadas), con el bloque de texto midiendo 13 cm de alto por 23 cm de ancho. El estilo de la escritura es el A.I. de Déroche. La primera parte de Marcel 21 probablemente se produjo a principios del siglo VIII; el tercer cuadernillo puede datar del siglo VII. En total, he anotado alrededor de tres docenas de correcciones en Marcel 21.

9. CD de la UNESCO de los Coranes de Sanʿāʾ, número de estante 01-20.4. Q9:78, *wa-ʾanna* **llāha** *ʿallāmu ʾl-ghuyūb*, "Y que **Alá** sabe completamente lo que está oculto". Antes de esta inserción, este manuscrito decía: "Y que **él** sabe completamente lo que está oculto".

La última inserción de *allāh* mostrada en este ejemplo, ubicada en la parte inferior derecha de la Figura 5, se encuentra en una página de los manuscritos de Sanʿāʾ. No tengo las dimensiones de la página y solo la he visto en una fotografía, no en persona como todos los demás ejemplos del Ejemplo 3. La página es de formato horizontal, con 22 líneas en ella. Tiene casi ningún margen, y en este aspecto es muy similar a los más antiguos manuscritos ḥijāzī verticales, que también tienden a aprovechar todo el espacio de la página hasta los bordes. Este es probablemente un manuscrito de finales del siglo VII o principios del siglo VIII.

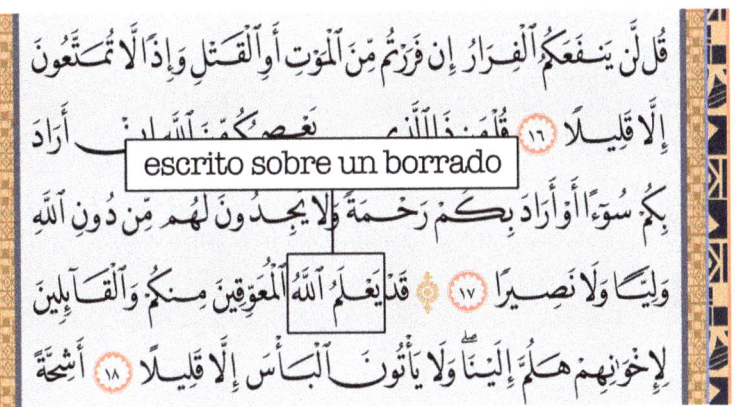

FIGURA 6: Ilustración de la inserción de allāh *en Q33:18 en el* Códice Omeya de Fustat *en comparación con el texto del Cairo de 1924*

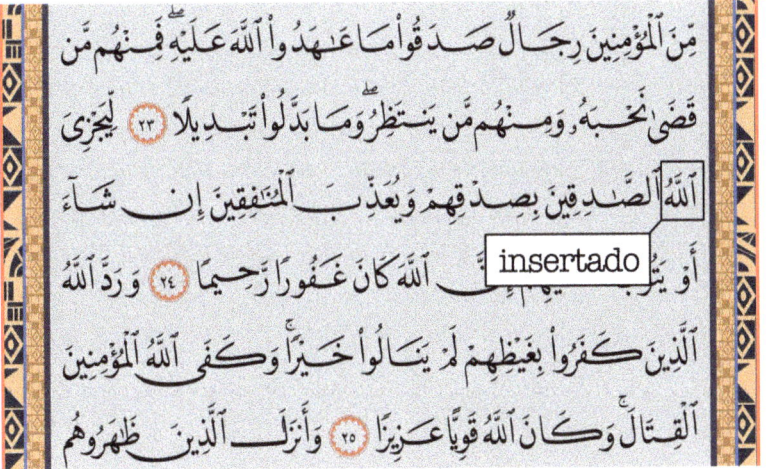

FIGURA 7: Ilustración de la inserción de allāh *en Q33:24 en el* Códice Omeya de Fustat *en comparación con el texto del Cairo de 1924*

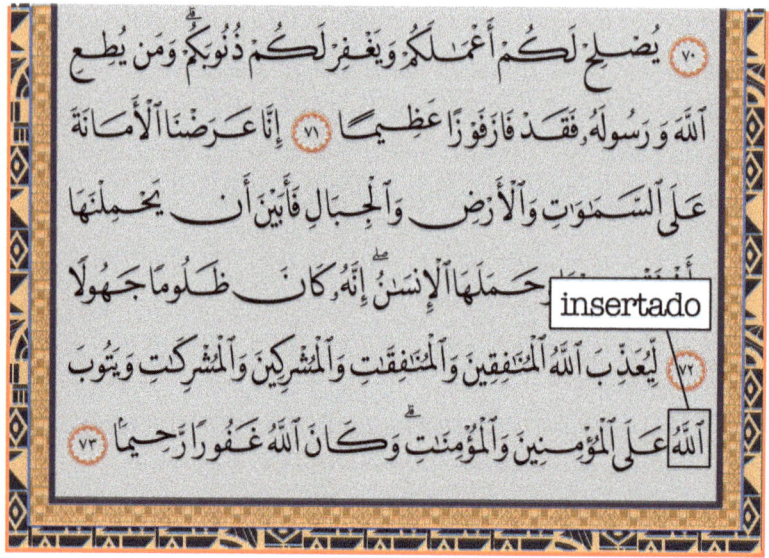

FIGURA 8: Ilustración de la inserción de allāh en Q33:73 en el Códice Omeya de Fustat en comparación con el texto del Cairo de 1924

FIGURA 9: Q41:21 en el texto del Cairo de 1924, mostrando la ubicación de la inserción de allāh en el manuscrito #4 mencionado arriba

Correcciones en los Manuscritos Antiguos del Corán 43

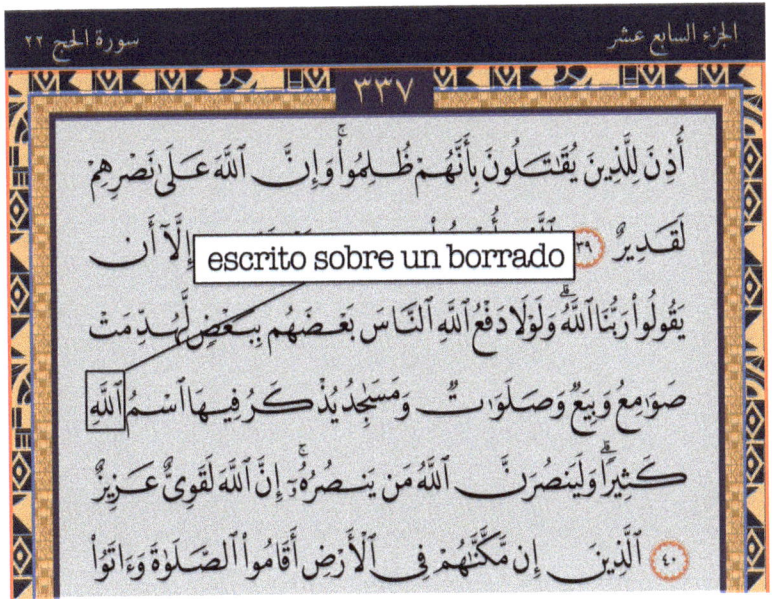

FIGURA 10: Q22:40 en el texto del Cairo de 1924, mostrando la ubicación de la inserción de allāh en el manuscrito #5 mencionado arriba

FIGURA 11: Q24:51 en el texto del Cairo de 1924, mostrando la ubicación de la inserción de allāh en el manuscrito #6 mencionado arriba

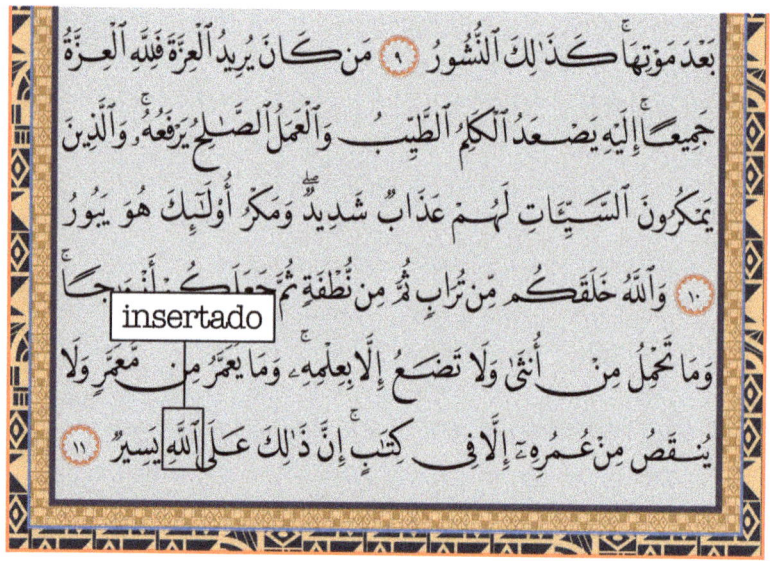

FIGURA 12: Q35:11 en el texto del Cairo de 1924, mostrando la ubicación de la inserción de allāh *en el manuscrito #7 mencionado arriba*

FIGURA 13: Q9:93 en el texto del Cairo de 1924, mostrando la ubicación de la inserción de allāh *en el manuscrito #8 mencionado arriba*

Correcciones en los Manuscritos Antiguos del Corán 45

FIGURA 14: *Ilustración de la inserción de* allāh *en Q9:78 en el manuscrito #9 mencionado arriba, mostrando la ubicación en el texto del Cairo de 1924*

LAS NUEVE CORRECCIONES anteriores representan aproximadamente tres cuartas partes de las simples inserciones de *allāh* que he notado hasta ahora. Además de estas, hay muchas otras correcciones que no son simplemente inserciones, sino que involucran a *allāh*. A simple vista, esto no debería ser tan sorprendente, ya que *allāh* es una de las palabras más comunes en el Corán. Aún así, la naturaleza específica de las correcciones anteriores merece atención.

Ejemplo 4: Una corrección por borrado

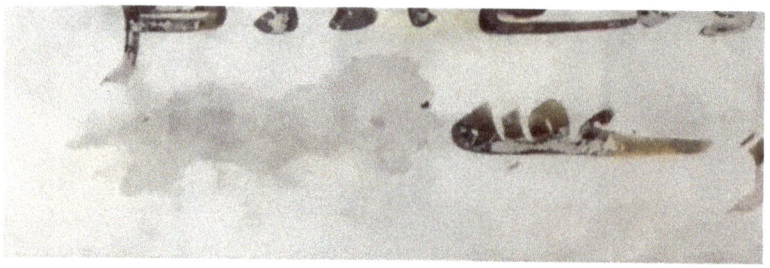

FIGURA 15: Un borrado que deja un espacio en Marcel 2, en la última línea de la página. (Foto de Brubaker, con permiso del Museo de Arte Islámico)

Esta corrección se encuentra en el manuscrito Marcel 2, en la Biblioteca Nacional de Rusia, en el folio 30v. Se trata de un gran Corán cuadrado, con páginas de aproximadamente 41 cm (~16 pulgadas) de lado. El bloque de texto mide 33 cm de alto por 31 cm de ancho (~13 x 12 pulgadas). Su formato es similar al del *muṣḥaf al-sharīf* de El Cairo. Marcel 2 tiene 42 folios con 20-21 líneas de escritura por página. Contiene divisores de versículos en forma de pilas verticales de marcas diagonales de pluma, así como divisores de múltiples versículos en forma de medallones rojos circundados con tinta marrón, precedidos por pilas de marcas de pluma como se mencionó anteriormente. Ocasionalmente tiene divisores de múltiples versículos en forma de un medallón rojo con cuatro picos en las diagonales y pétalos que se extienden hacia la derecha e izquierda, hacia arriba y abajo. Estas páginas están escritas en el estilo de escritura C.Ia, y probablemente se trata de un manuscrito de principios del siglo VIII. He anotado 26 correcciones en este fragmento de manuscrito.

La corrección en este caso es un simple borrado; no se ha escrito nada para reemplazar lo que se borró. El borrado deja un espacio al final de la línea, en la última línea de la página. El borrado sigue a la palabra عقبة *ʿāqibatu*, "el destino", de Q30:9. La palabra que viene a continuación en la edición de El Cairo de 1924, الذين *alladhīna*, "(de) aquellos", es la primera palabra escrita en la página siguiente de este manuscrito. Por lo tanto, el *rasm* ahora se alinea en este punto con el texto del Cairo de 1924.

Este versículo sigue una narrativa que reprende a los incrédulos por no reconocer las señales y el destino de aquellos que desobedecieron a Dios en el pasado: "¿Acaso no han viajado por la tierra para ver cuál fue el destino de los que los precedieron? Fueron más firmes que ellos en fuerza, cultivaron la tierra y la edificaron mejor que como ellos mismos la edificaron, y a ellos vinieron sus mensajeros con pruebas claras. Alá no les haría injusticia, pero ellos se hicieron injusticia a sí mismos".

Lo que se borró no puede discernirse en este momento, pero la longitud y continuidad del borrado indica que probablemente se trataba de una sola palabra de 4-6 letras, todas unidas. Gramáticamente, suponiendo que el resto del versículo se leyera en el momento de este manuscrito como se lee hoy, hay varias posibilidades que podrían encajar en este espacio. La primera podría ser una expresión de proporción, como *kullu min* ("todo de"), o *kathīran min* ("la mayoría de"), para renderizar "cuál fue el destino de todo aquel que los precedió", o "cuál fue el destino de la mayoría de los que los precedieron", respectivamente. Otra posibilidad sería un sustantivo (por ejemplo, *al-yahūd*, "los judíos", o *al-nās*, "la gente"), con la traducción resultante de "cuál fue el destino de los judíos que fueron antes que ellos", o "cuál fue el destino de la gente que fue antes que ellos". Para ser claro, no tengo indicios de que lo que se borró dijera cualquiera de estas cosas; las menciono para ilustrar que hay posibilidades gramaticalmente viables.

FIGURA 16: Q30:9 en el texto de El Cairo de 1924, ilustrando la corrección en Marcel 2

Hay otra corrección en esta página de Marcel 2, una inserción en el margen izquierdo. Al igual que la corrección mencionada anteriormente, esta también ha hecho que la página se acerque a la conformidad con el *rasm* de la edición de El Cairo de 1924 en ese punto.

Ejemplo 5: Página del Corán, posiblemente del siglo II/III de la Hégira (siglo VIII/IX), que contiene varias correcciones post-producción

FIGURA 17: MS.474.2003, fol. 9v. (Brubaker photo, by permission of the Museum of Islamic Art)

Esta página se encuentra en el Museo de Arte Islámico en Doha, Qatar. El estilo de su caligrafía corresponde al tipo A.I de Déroche, y probablemente fue producida en el siglo VIII. El fragmento del manuscrito (MS.474.2003) tiene aproximadamente 30 cambios físicos a lo largo de sus 12 folios, y muestra variantes en comparación con la edición de El Cairo de 1924.

La fotografía anterior (Figura 17) muestra parte del folio 9v, una página que contiene al menos cinco instancias de corrección. Antes de discutir estos cambios, se ofrece una descripción general de la caligrafía de esta página.

Este folio comienza en el medio de Q6:91. Incluso en su estado actual, presenta un *rasm* variante; por ejemplo:

- El *wa-lā* "ni" de Q6:91 está escrito en esta página como *wāw* "y"; el *lām-'alif* ha sido omitido. El significado, por lo tanto, es "tú y tus padres", en lugar de "ni tú ni tus padres" como en la edición de El Cairo de 1924.
- Lo que en la edición de El Cairo de 1924 lee *mubārakun muṣaddiqu*, "[es] bendito y confirma", en este manuscrito está escrito sin el 'alif largo en la primera palabra y también con un 'alif largo al final de ambas palabras, como *mubarakān muṣaddiqān*, aparentemente "uno bendito y confirmador".
- La *wāw*, "y" que precede *li-tundhir*, "para que adviertas", en la edición de El Cairo de 1924 está ausente en esta página.
- Lo que en la edición de El Cairo de 1924 lee *ṣalātihim* (archigrafémicamente, CLA BHM), "oraciones", está escrito en este manuscrito con una *wāw* en lugar del 'alif largo medial, es decir, *ṣalawātihim*[12] (archigrafémicamente, CLW BHM), que es plural, lo que cambia ligeramente el significado.
- El *aw*, "o" de Q6:93 está escrito en este manuscrito como *wa*, "y", lo que da lugar a "aquél que imputa falsedad a Alá y dice", en lugar de la traducción de la edición de El Cairo de 1924: "aquél que imputa falsedad a Alá o dice".
- El *idh*, "mientras," de Q6:93 en la edición de El Cairo de 1924 está escrito en esta página como *idhā*, "cuando".
- El 'alif largo que se encuentra en la segunda posición de *bāsṭū*, "extendido", en Q6:93 en la

edición de El Cairo de 1924 está ausente en esta página.
- La palabra ربكم *rabbikum*, "tu Señor", está escrita entre *allāh* and *fa-ʾinnā* en Q6:95. Esta palabra no aparece en la edición de El Cairo de 1924, pero tiene sentido gramatical aquí, leyendo: "Ese es Alá, **tu Señor, ¿cómo entonces?**", en lugar de "Ese es Alá, ¿cómo entonces?", como aparece en la versión estándar actual. Es interesante que los correctores de esta página no hayan borrado esta palabra. ¿Acaso consideraron que pertenecía allí?

Los puntos mencionados dan una idea del carácter variante de este manuscrito. Ahora, pasemos a discutir las correcciones de esta página. Hay al menos cinco:

1) HAY una borradura cerca del final de la línea 3, de dos palabras cuyo rastro permanece parcialmente visible. Ocurre después de *ḥawlahā wa*, "alrededor de ella, y", de Q6:92 y antes de *alladhīna*, "aquellos que", que sigue. Permanece un espacio significativo. El resultado en este punto es un *rasm* que se ajusta a la norma de la edición de El Cairo de 1924.

2) EN LA sexta línea que se muestra, la palabra عليه *ʿalayhi*, "contra él", ha sido escrita sobre una borradura en Q6:93, después de las palabras *bimā kuntum taqūlūn*, "por lo que solíais decir". Sin embargo, la edición de El Cairo de 1924 no lee *ʿalayhi* aquí, y acercarse más a la conformidad con esa

lectura podría ser la razón de lo que creo que fue la siguiente intervención, señalada en el punto #3.

3) Una corrección posterior fue realizada en Q6:93, esta vez en el margen derecho, donde se ha escrito على الله *ʿalà allāh*, "acerca de Alá", pero curiosamente sin borrar el *ʿalayhi* que aparentemente está destinada a sustituir. Además, esta frase está escrita al comienzo de la línea siguiente, pero parece que está destinada a este lugar.

Lo más interesante aquí es que la página en esta línea sigue estando fuera de conformidad con la edición de El Cairo de 1924, ya que incluye las palabras adicionales و تكفرون بالله y *takfurūna bi-llāhi wa*, "ellos no creen en Alá y", después de las palabras بما كنتم *bimā kuntum* y تقلون *taqulūn* de este versículo. El hecho de que estas palabras no solo hayan sido escritas claramente en este manuscrito en el momento de su producción, sino que también se permitiera que permanecieran después de dos rondas de corrección, a pesar de no formar parte de la edición de El Cairo de 1924, parece importante.

4) En la octava línea que se muestra, la palabra الذين *alladhīna*, "quienes", de Q6:94 ha sido insertada donde antes fue omitida.

5) Al principio de la penúltima línea de la página, la palabra يعلمون *yaʿlamūna*, "ellos saben", de Q6:97 ha sido escrita sobre una borradura. La huella de lo que se escribió primero todavía se puede ver y su *archigrafema* parece ser BHMW N; sin embargo, este *archigrafema* no corresponde a ninguna palabra

en el Corán. Es posible, supongo, que el texto borrado haya sido BEMHW N; esto podría corresponder a una palabra, يعمهون *ya ʿmahūn*, "cegos/atónitos", una palabra que ocurre solo siete veces en el Corán, siendo una de ellas al final de Q6:110, es decir, en proximidad a este versículo. Si esto fuera efectivamente lo que se escribió originalmente aquí, el versículo habría leído "Hemos dejado claro los signos para un pueblo que está ciego". Es difícil, en este momento, formar una opinión contundente al respecto, ya que la nueva escritura cubre parcialmente la borradura. Así que, aunque es posible, no está nada claro que una ʿ*ayin* estuviera presente.

FIGURA 18: Q6:92-97 en la edición de El Cairo de 1924, con las correcciones mostradas en MS.474.2003

Ejemplo 6: Múltiples correcciones postproducción en un Corán del siglo I/ VII

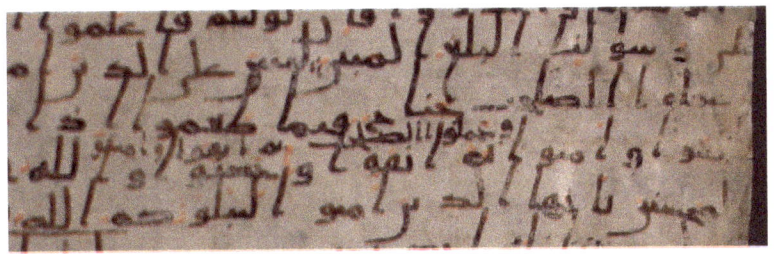

FIGURA 19: MS.67.2007.1 (Foto de Brubaker, con permiso del Museo de Arte Islámico)

Este fragmento, y otros dos agrupados bajo números de estantería secuenciales, son de un período y estilo similar al Codex Petropolitanus (BnF arabe 328a-b, etc.) y también a los folios de Birmingham que Alba Fedeli dio a conocer, los cuales fueron datados por radiocarbono con un rango de fecha muy temprano, con un 95,4% de probabilidad de que el animal haya estado vivo entre 568-645 d.C.[13] Varios años antes de la prueba de los folios de Birmingham, el pergamino del palimpsesto Ṣanʿāʾ 1 fue igualmente datado por radiocarbono, dando un rango de fechas con un 95% de confianza de 578-669 d.C.[14] El BnF *arabe* 328 es un bifolio vertical escrito en la escritura māʾil/hijāzī.

Las correcciones aquí se encuentran en MS.67.2007.1, en el Museo de Arte Islámico de Doha. Se han insertado las palabras *wa-ʿamilū ʾl-ṣāliḥāti thumma ttaqaw wa-ʾāmanū* de Q5:93. La inserción principal se ha realizado sobre la línea principal de texto. Excepto posiblemente por la primera parte, *wa-ʿamilū*, sobre la cual tengo algunas dudas debido a la forma en que está escrita, esta inserción parece ser obra del escriba original y probablemente se hizo poco después de la primera escritura. Q5:93 tiene varias repeticiones, por lo que no es nada sorprendente que un escriba se haya confundido y cometido un error que tuvo que ser corregido más tarde. Esta corrección es casi con certeza debido a un simple error de copista en la primera escritura.

Sin embargo, hay una parte de esta inserción que parece ser parte de una corrección posterior. Es la última ʾalif de ʿamilū, "hicieron", y esta ortografía de la terminación del plural en tercera persona, creo, fue omitida en la primera corrección y añadida después. Además, la correspondiente ʾalif de ʾāmanū, "creyeron", al final de esta inserción está ausente, un detalle aún más extraño, dado que generalmente se usa en otras partes de esta página y también fue añadida al final de ʿamilū.

Finalmente, y quizás lo más interesante, la inicial ʾalif de احسنوا ʾaḥsanū, "hicieron el bien (imperativo, 3ª persona plural)", fue omitida en el momento de la primera escritura y añadida más tarde, pero con tinta roja, la misma tinta utilizada para los puntos que representan las vocales cortas en otras partes de esta página.

Así que, hay mucho que sucede en algunos de estos manuscritos, y se necesita un examen cercano y cuidadoso. Casi no noté el problema con la ʾalif de ʾaḥsanū yo mismo. Ha habido varias veces (recuerdo una bastante claramente en la Biblioteca Bodleiana de Oxford, hace varios años), cuando he estado trabajando de cerca y con cuidado en una página durante mucho tiempo y casi estaba listo para seguir adelante antes de notar una corrección que debería haber sido claramente obvia mucho antes. Es un recordatorio de que la paciencia, la humildad y la atención al detalle son esenciales en este trabajo.

Correcciones en los Manuscritos Antiguos del Corán

. . .

FIGURA 20: Q5:93-94 en el texto de El Cairo de 1924, con las correcciones de MS.67.2001 mostradas

LA COMPLEJIDAD de la situación descrita arriba puede considerarse como evidencia de que este manuscrito estaba en uso y era considerado lo suficientemente importante como para corregirlo múltiples veces. El problema con la *'alif* roja es interesante porque no se trata de un asunto de ortografía o lectura. Así que, aún queda trabajo por hacer en esta sección y en este manuscrito, que tiene capas de información que deben ser desentrañadas.

Ejemplo 7: Inserción posterior de las palabras "los siete"

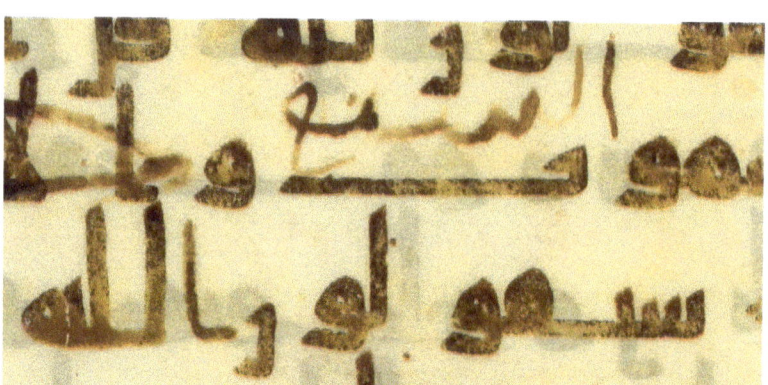

FIGURA 21: *BnF* arabe *327, fol. 1r.*

El BnF *arabe* 327, en la Biblioteca Nacional de Francia, está escrito en el estilo B.Ib de Déroche. Es un fragmento de 14 folios, cuyas páginas son casi cuadradas, de 26-27 cm (aproximadamente 10,5 pulgadas) de alto y ligeramente más anchas, con 18 líneas de escritura por página. Probablemente data del siglo VIII. He anotado nueve correcciones diferentes en este manuscrito, y creo que una de estas fue corregida más de una vez.

Se pueden ver dos correcciones diferentes en la Figura 21. La primera está arriba de la línea superior mostrada, donde las palabras السبع *al-sabʿi*, "los siete", de Q23:86, han sido añadidas por un corrector posterior en un estilo de escritura muy diferente al del escriba original. Tal como estaba escrita originalmente, esta parte decía, "Di: '¿Quién es el Señor de los cielos y el Señor del Gran Trono?'" Como se corrigió, y como aparece en la edición de El Cairo de 1924, dice, "Di: '¿Quién es el Señor de los **siete** cielos y el Señor del Gran Trono?'" Claramente, el verso tiene sentido con o sin la palabra *siete*; la única pregunta es cuál lectura refleja el texto original.

El número siete aparece en varios lugares del *Corán*, pero no es un motivo tan fuerte como lo es, por ejemplo, en la Biblia. Hay otro folio, probablemente del siglo VIII pero posiblemente de finales del siglo VII, entre los manuscritos de Ṣanʿāʾ, que omite la palabra "siete" en Q9:80, donde esta palabra *está* presente en el texto estándar hoy en día.[15] Esa página, aunque corregida en otros lugares, no fue corregida en este punto; su "omisión"[16] fue permitida por el corrector. Los detalles en ese manuscrito, en un verso que parece tener fuertes connotaciones intertextuales, en torno al número siete, me han llevado a sospechar que había algo relevante con esta palabra "siete". Q9:80 habla sobre el perdón, y con la inclusión de "setenta", de repente comparte dos elementos con Mateo 18:21-22: "Entonces acercándose Pedro, preguntó a Jesús: 'Señor, ¿cuántas veces pecará mi hermano contra mí que yo haya de perdonarlo? ¿Hasta siete veces?'. Jesús le contestó: 'No te digo hasta siete veces, sino hasta setenta veces siete.'" Para ser claro, la omisión en Q9:80 ocurre en un manuscrito distinto al de la imagen mostrada arriba, pero, debido a eso, considero interesante cualquier inserción o variante relacionada con "siete" o "setenta".

La línea inferior mostrada arriba también tiene una corrección, por un corrector diferente, creo yo. Se ha insertado un *ʾalif* antes de *li-llāhi* "de Alá" de Q23:87. El resultado no se alinea con el texto de El Cairo de 1924, pero sí coincide con la lectura de Abū ʿAmr (y otra); es estándar en algunas partes del mundo hoy en día. El efecto es convertir la palabra "de Alá" en "Alá". Esta palabra es una respuesta a la pregunta planteada en el verso anterior: "¿Quién es el Señor de los siete cielos y el

Señor del Gran Trono?" Esta conversión, en este verso particular, ha sido discutida por Cook, quien señala que la lectura resultante supuestamente se alinea con el códice enviado por ʾUthmān a Basra, tal como se describe en al-Dānī.[17]

Una marca ovalada, parcialmente mostrada, también se encuentra sobre las palabras que siguen a esta corrección. Señala que las palabras والارض *wa-l-ʾarḍ,* "y la tierra" (que no están presentes en el texto de 1924) deben ser omitidas y reemplazadas por *al-sabʿi*.[18] Así, "los cielos y la tierra" se ha convertido en este manuscrito en "los siete cielos".

FIGURA 22: *Ilustración de la ubicación de la corrección del Ejemplo 7 en comparación con el texto de El Cairo de 1924*

Ejemplo 8: Borrado reescrito en un Corán del siglo 1/siglo 7, posiblemente por el escriba original y probablemente poco después de la producción original

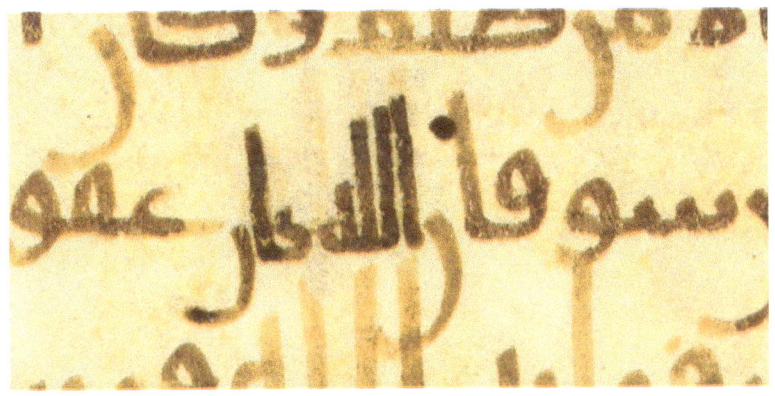

FIGURA 23: BnF arabe 330, fol. 55r.

BnF *arabe* 330 es un fragmento de 69 grandes folios de pergamino vertical, de aproximadamente 37 cm (14,5 pulgadas) de alto por 28 cm (11 pulgadas) de ancho. Es un manuscrito compuesto; sus folios no provienen todos del mismo *Corán* original. El profesor Déroche clasificó sus folios bajo varios estilos de escritura: ḥijāzī III, A.I, y B.Ib.[19] Recientemente ha clasificado la porción 330c como estilo O I,[20] y la considera parte del Códice Omeya de Fustat.[21] La página mostrada (de 330g) sigue, por el momento, sin clasificar.[22] He visitado *BnF arabe 330* en dos ocasiones y he anotado 65 correcciones entre sus páginas.

En el ejemplo mostrado arriba, *allāh* ("Alá") de Q4:149 aparentemente ha sido reemplazado por الله كان *allāhu kāna*, "Alá es", mediante un borrado y una reescritura. Este cambio parece ser obra del escriba original y pudo haber ocurrido como parte del proceso de producción (por ejemplo, después de la corrección de la línea o de toda la página cuando se escribió por primera vez). Probablemente, la palabra *kāna* fue omitida inicialmente, ya que la frase *fa-ʾinna llāha ʿafuwwān qadīran*, "así que ciertamente Alá es Perdonador, Poderoso", fue corregida para remediar la gramática defectuosa.

El verso mantiene el mismo sentido con o sin esta palabra, pero su inclusión es estándar hoy en día. No he encontrado ninguna mención de un problema en este punto en la literatura de *qirāʾāt*.

Esta no es la única corrección en este folio; siete líneas más abajo hay otro borrado que ha sido reescrito.

FIGURA 24: Ilustración de la ubicación de la corrección del Ejemplo 8 en comparación con el texto de El Cairo de 1924

Ejemplo 9: Inserción posterior de "el Misericordioso"

FIGURA 25: BnF arabe 327, fol. 12v.

Este es el segundo ejemplo de corrección del BnF *arabe* 327. Una descripción general del manuscrito se encuentra en el Ejemplo 7 anterior.

En este caso, las palabras الرحيم *al-raḥīm*, "el Misericordioso" de Q42:5 fueron omitidas en el momento de la producción y han sido añadidas más tarde, por encima de la línea. La corrección en este caso parece ser obra de un escriba diferente. Es la última palabra del verso y completa el par de atributos de Alá que comúnmente termina un verso. Tal como fue escrito originalmente, el verso decía "y Alá es el Perdonador". Tras la corrección, y tal como está en el estándar actual, dice "y Alá es el Perdonador, **el Misericordioso**."

Hay dos detalles adicionales interesantes sobre esta corrección. Primero, parece que se ha escrito con dos estiletes diferentes, uno muy estrecho y el otro algo más ancho, aunque aún no tan ancho como el que se usó para la producción original de esta página. En segundo lugar, la corrección en sí parece haber sido borrada o casi borrada en algún momento.

El verso es gramaticalmente correcto y semánticamente viable sin la inserción, pero su ausencia desajusta el ritmo estándar, ya que se espera generalmente un par de atributos de Alá al final de un verso. Además, la primera palabra del par, الغفور / *al-ghafūr*, "el Perdonador", no encaja en el patrón de rima de los otros finales de verso de este capítulo, mientras que el *al-raḥīm* insertado sí lo hace. Existen varios lugares en el Corán donde los finales de verso se desvían del patrón general de rima, y tal desviación puede tener un propósito poético,[23] pero resulta difícil imaginarse este verso con solo el atributo único.

FIGURA 26: Ilustración de la ubicación de la corrección Ejemplo 9 comparado con el texto del Cairo de 1924

Ejemplo 10: Inserción en el medio de la línea en un manuscrito hijazí del 1º/7º siglo

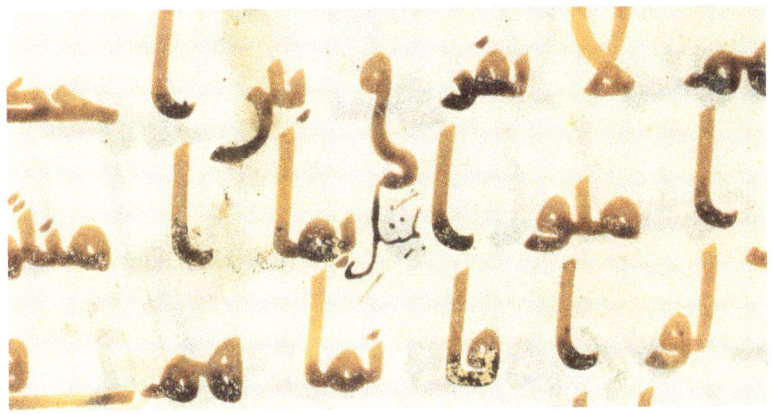

FIGURA 27: BnF arabe 331, fol. Iv.

El BnF *arabe* 331 también se encuentra en la Biblioteca Nacional de Francia. Es un fragmento bien conservado de 56 folios de pergamino muy grandes, de aproximadamente 39,5 cm (15,5 pulgadas) de altura por 34 cm (13,5 pulgadas) de ancho. Tiene unas 19 líneas de escritura por página. Su estilo de escritura ha sido identificado por Déroche como B.Ia.[24]

En el detalle de este manuscrito mostrado arriba, la palabra مثل *mithli*, "como", de Q2:137 fue omitida en la escritura original y luego añadida en un momento posterior, junto con el *bi* precedente. La corrección está en una mano muy diferente, utilizando una pluma mucho más estrecha; casi parece una intervención moderna en la página. Dicho esto, la tinta utilizada para la inserción es muy similar en color y consistencia a la de la escritura original de esta página. Probablemente, fue solo una coincidencia en la tinta, pero cabe mencionarlo.

Una característica interesante de este caso es que el *bi* que se escribió inicialmente, enlazando hacia *mā*, no ha sido borrado. Por lo tanto, como está ahora, tiene una letra extra en comparación con el texto de El Cairo de 1924, con la parte escrita como امنوا بمثل بما *amanū bi-mithli bi-mā*, una lectura aparentemente no viable.

Tal como se escribió esta página originalmente, el verso tiene sentido gramatical y semántico: "Si creen **en** lo que ustedes han creído", frente al texto de El Cairo de 1924, que se traduce aproximadamente como "Si creen **de manera similar a** lo que ustedes han creído".

FIGURA 28: *Ilustración de la ubicación de la corrección del Ejemplo 10 comparado con el texto de El Cairo de 1924*

Ejemplo 11: Inserción marginal posterior de "Alá" en el Códice Topkapı

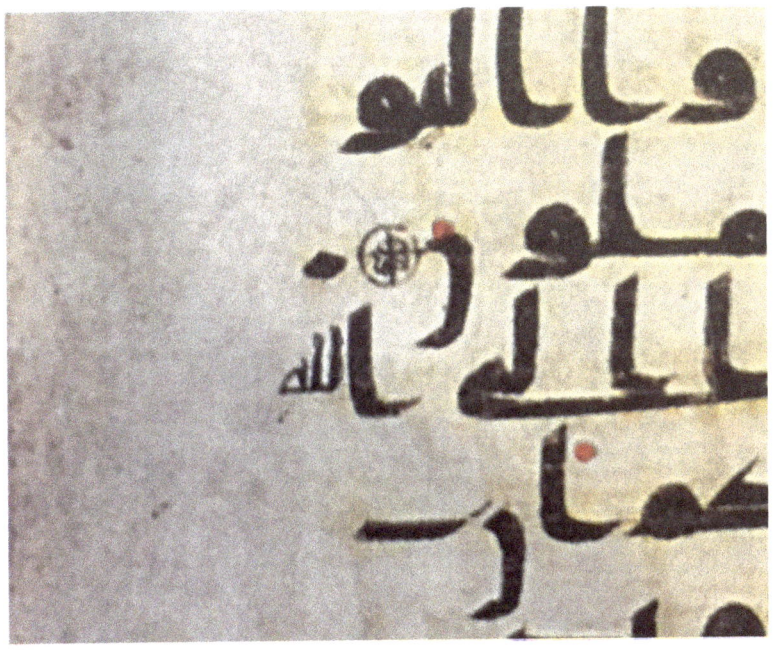

FIGURA 29: Códice Topkapı, fol. 374v. (Fuente: Altıkulaç, Tayyar, Ed. Al-Muṣḥaf al-Sharif attributed to ʿUthmān bin ʿAffān (The copy at the Topkapı Palace Museum). Estambul: IRCICA, 2007.)

Este es un segundo ejemplo de corrección del Códice Topkapı, y también una inserción adicional que involucra la palabra *allāh*.

Esta inserción de *lām-lām-he* ocurre cerca del comienzo de Q66:8. Tal como fue escrito originalmente, el primer *allāh* de este verso no estaba presente. Este cambio se ha realizado con una pluma muy fina y probablemente ocurrió mucho después de la primera producción de este manuscrito. Es posible que esta adición sea una intervención moderna.

Antes de la inserción, el verso podría haberse leído como:

"¡Oh, ustedes que creen! Vuelvan a un arrepentimiento sincero", si no fuera por la inclusión original de la *'alif* después de *'ilā*. Obviamente, existe cierto rango de posibilidades para algunos de estos *archigrafemas* —por ejemplo, si algunas letras fueran pronunciadas de manera diferente a como lo son hoy en día, lo que daría lugar a consonantes distintas— lo que podría abrir lecturas alternativas. Pero la lectura con más flexibilidad, cuando no se diferencia, tiene un punto debajo de ella en este manuscrito, lo que nos vincula con la letra *bā'*. Por lo tanto, no me queda claro qué se pretendía con la versión original, ni si podría haberse leído de manera viable. Sin embargo, es importante señalar que la palabra en cuestión también es parte de una sección que ha sido borrada y reescrita en el manuscrito Marcel 104 de la Biblioteca Nacional de Rusia, y esa corrección será tratada, junto con muchas otras, en mi próximo libro.

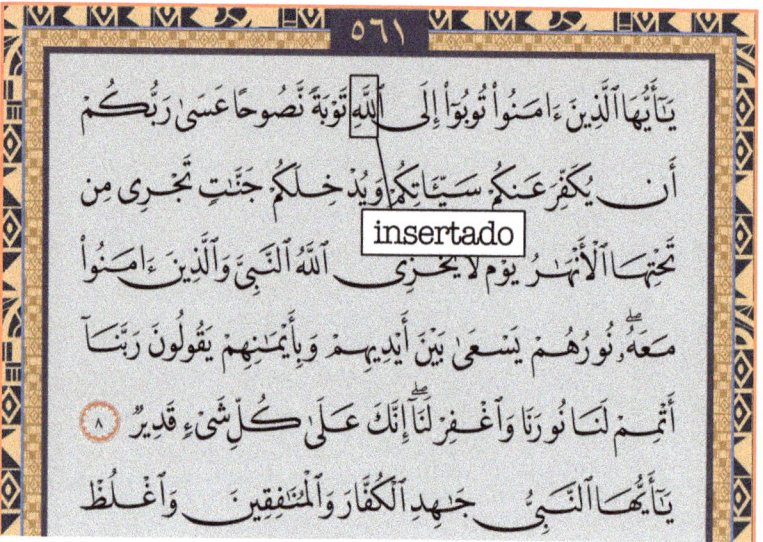

FIGURA 30: *Ilustración de la ubicación de la corrección del Ejemplo 11 comparado con el texto de El Cairo de 1924*

Ejemplo 12: Borrado reescrito y alargado en un Corán del 1º/7º siglo

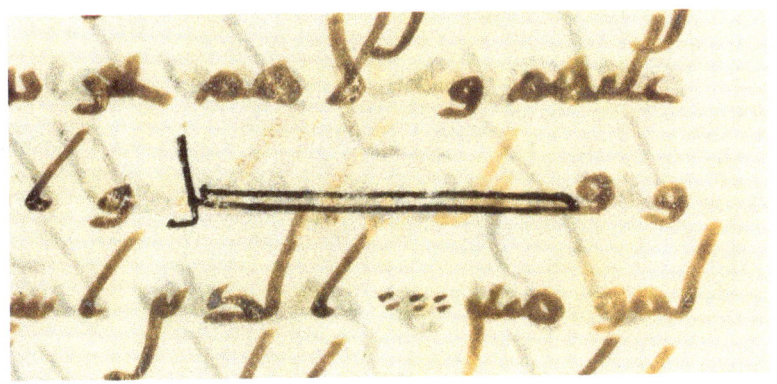

FIGURA 31: BnF arabe 328, fol. 8r.

Este ejemplo muestra otra corrección en el BnF *arabe* 328a, que forma parte del Códice Parisino-Petropolitanus. Este manuscrito ya fue presentado en el Ejemplo 2.

La corrección que se muestra aquí se encuentra en el folio 8r, cerca del comienzo de la línea 13. En ella, el *ḍad-lām* de فضل *faḍlin*, "favor" (o "gracia") de Q3:171 ha sido escrito sobre un borrado. Se observan claramente marcas de borrado, incluidas algunas formas de las letras de lo que se escribió inicialmente aquí, entre las cuales hay cuatro letras que se extienden hacia arriba, siendo la primera precedida por una letra corta en forma de diente. El corrector ha utilizado una pluma y tinta diferentes a las que se usaron en la producción original de la página; además, la mano y el ángulo de la escritura varían con respecto al resto de la página. Este cambio es claramente una intervención posterior. La longitud del espacio ahora cubierto por estas dos letras es de 5,3 cm, lo cual normalmente estaría ocupado por entre cinco y once letras en otras partes de la página. Hay solo otro lugar en esta página donde un espacio de esta longitud contiene tan solo cinco letras.

El resultado de esta corrección es un *rasm* que ahora se ajusta al texto de la edición de El Cairo de 1924.

FIGURA 32: Ilustración de la ubicación de la corrección del Ejemplo 12 comparado con el texto de El Cairo de 1924

He observado ciertos versos[25] y palabras[26] que se corrigen frecuentemente en los manuscritos del Corán. La palabra *faḍl* no se corrige con frecuencia, pero tiene una gran importancia teológica.[27] La palabra فضلنا *faḍalnā*, "hemos favorecido", de Q6:86, ha sido escrita sobre una capa en el *muṣḥaf al-sharīf* de El Cairo. Esta es la única corrección que he notado hasta ahora en alguna parte de Q3:171.

Ejemplo 13: Borrado reescrito, aparentemente cambiando la declinación verbal

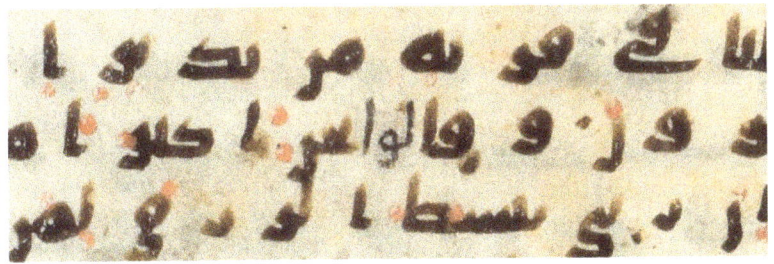

FIGURA 33: BnF arabe 340, fol. 26r.

BnF *arabe* 340 tiene 121 folios escritos generalmente en formato horizontal sobre pergamino. Es otro fragmento compuesto, lo que significa que sus folios no provienen del mismo códice original, sino de varios. Varias de sus páginas están escritas en estilos de escritura más tardíos, del siglo X e incluso del siglo XI (por ejemplo, D y NS).[28] Déroche data el *arabe* 340(f) en el siglo IX.[29] Varios de estos folios han sido clasificados como B.II,[30] lo que correspondería al siglo IX. Los folios 1-12 y 13-30 (que incluye el folio mostrado aquí) no han sido clasificados por él.[31] El folio mostrado aquí, de BnF *arabe* 340(b), es probablemente de finales del siglo VIII o principios del siglo IX.

Aunque representan diferentes códices originales, para darles a los lectores una idea de la escala, debo mencionar que he anotado 91 correcciones en las páginas de BnF *arabe* 340.

El ejemplo mostrado se encuentra en el folio 26r, uno de los folios cuyo estilo de escritura Déroche no ha clasificado, en el medio de la línea 2. Aquí, la última *lām* de قال *qāla*, "dijo", ha sido borrada y, en su lugar, se ha escrito *lām-wāw-alif*. El resultado es la palabra قالوا *qālū*, "ellos (m. pl.)", de Q34:35. Como estaba escrito inicialmente, este verso decía: "Y **él** dijo: 'Somos más [que ustedes] en riqueza e hijos.'" Como aparece ahora en la página del manuscrito, y tal como está en la edición de El Cairo de 1924, este verso dice: "Y **ellos** dijeron: 'Somos más [que ustedes] en riqueza e hijos.'"

Esta corrección no es extremadamente dramática, y hay otras en las páginas de este fragmento que son incluso más interesantes. Sin embargo, el propósito de este libro no es seleccionar las correcciones más dramáticas, sino mostrar la variedad de este fenómeno. Las conversiones que involucran قال, o variaciones de este tema (en este caso, la tercera persona del plural) son uno de los tipos de corrección más comunes en los primeros Coranes.

FIGURA 34: Ilustración de la ubicación de la corrección del Ejemplo 13 comparado con el texto de El Cairo de 1924

Ejemplo 14: Borrado dejando un espacio en el Códice Topkapı

FIGURA 35: *Códice Topkapı, folio 65r, mostrando el borrado de una sola* ʾalif *al final de la línea 11.* (Fuente: Altıkulaç, Tayyar, Ed. Al-Muṣḥaf al-Sharif attributed to ʿUthmān bin ʿAffān (The copy at the Topkapı Palace Museum). Estambul: IRCICA, 2007.)

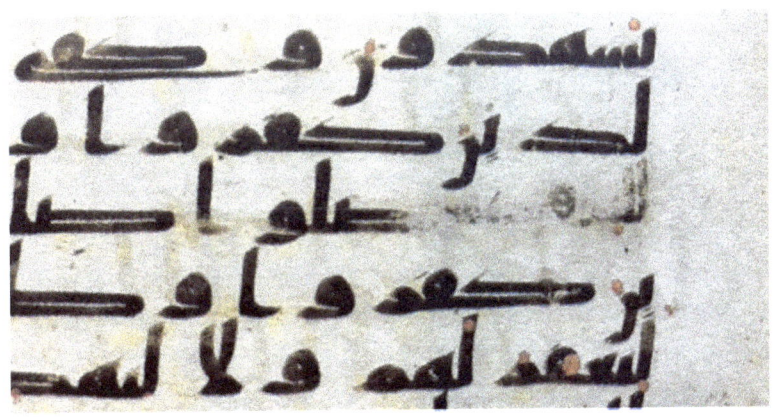

FIGURA 36: *Códice Topkapı, folio 65r, mostrando el borrado de* llah qad *al principio de la línea 12.* (Fuente: Altıkulaç, Tayyar, Ed. Al-Muṣḥaf al-Sharif attributed to ʿUthmān bin ʿAffān (The copy at the Topkapı Palace Museum). Estambul: IRCICA, 2007.)

Este es un tercer ejemplo del Códice Topkapı. En este caso, se ha borrado dos palabras al principio de la línea 12, con la primera letra de Alá también borrada al final de la línea 11. La huella de lo que estaba escrito originalmente permanece; es الله قد *allāhi qad*, "Alá ya", de Q4:167.

Este verso es gramatical y semánticamente viable sin la porción que ha sido borrada. Mientras que antes de la corrección el texto consonántico de esta porción decía: "Ciertamente, aquellos que no creen y obstaculizan el camino **de Alá** se han desviado profundamente en el error," después de la corrección dice: "Ciertamente, aquellos que no creen y obstaculizan el camino se han desviado profundamente en el error."

La razón de este borrado no está clara, pero es evidente la precisión con la que se han borrado solo las palabras seleccionadas. Alguien, en el momento de esta corrección, evidentemente pensó que esas palabras no pertenecían en este lugar.

Esta es una corrección inusual, ya que *aleja* la página de la conformidad con el texto de El Cairo de 1924. Tales cambios representan una proporción muy pequeña del total de correcciones que he observado; por lo general, las correcciones resultan en un *rasm* que se ajusta, o que se ajusta más estrechamente, con lo que es estándar hoy en día. Es natural y razonable presumir que el corrector pensaba que el cambio que estaba haciendo en la página representaba un movimiento hacia un texto más correcto. Así que en casos como este —y este es un excelente ejemplo— la cuestión de lo que fundamentó tal creencia por parte del corrector es intrigante.

Parece, según el facsímil, que también ha habido un borrado en la línea 10, justo antes del final de la línea. No lo describiré aquí, en parte porque no estoy seguro al respecto.

Siempre es mejor observar los manuscritos directamente; incluso una fotografía extremadamente buena no se compara con un examen directo. Por supuesto, como cuestión práctica, no todos pueden manipular estos objetos, así que cuando voy a verlos, miro con mucha atención y tomo notas detalladas.

FIGURA 37: Ilustración de la ubicación de la corrección del Ejemplo 14 comparado con el texto de El Cairo de 1924

Ejemplo 15: Borrado dejando un espacio en un manuscrito del siglo VIII o IX

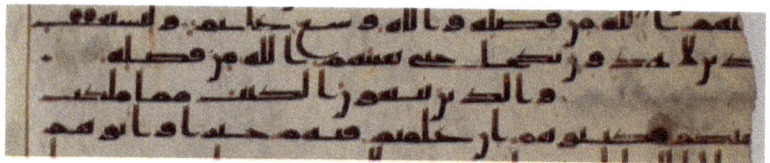

FIGURA 38: MIA.2013.19.2, verso. (Foto de Brubaker, con permiso del Museo de Arte Islámico)

Este es un fragmento parcial de un folio sobre pergamino en el Museo de Arte Islámico en Doha, Catar. Su escritura es muy similar a la del Códice Topkapı y su estilo es C.Ib.

En este ejemplo, hay un borrado al final de una línea y al principio de la siguiente. Ocurre después de la palabra فضله *faḍlihi*, "su gracia", de Q24:33. La siguiente palabra después del borrado es la palabra que sigue a *faḍlihi* en la edición de El Cairo de 1924, es decir, والذين *wa-ʼlladhīna*, "y aquellos que". Lo que estaba escrito inicialmente en este espacio que ahora está vacío no puede discernirse del manuscrito, ya que no queda ninguna huella que indique la forma de las letras.

He observado dos manuscritos que tienen correcciones de varias palabras en este verso; el otro es BnF *arabe* 327, en el que una porción larga de texto ha sido escrita sobre un borrado y aparentemente corregida más de una vez. Esa es una corrección interesante, y sin duda hablaré más sobre ella en una publicación futura. Sin embargo, esa corrección no cubre la sección del verso que está en cuestión aquí; no se superponen.

Correcciones en los Manuscritos Antiguos del Corán   77

FIGURA 39: Ilustración de la ubicación de la corrección del Ejemplo 15 comparado con el texto de El Cairo de 1924

EL RASM DE ESTA PÁGINA, tal como está ahora, se alinea en este punto con el de la edición de El Cairo de 1924, pero como fue escrito originalmente, contenía algo adicional. Dado que este manuscrito es la única copia conocida con una corrección en este punto, debemos esperar a ver si emerge algo más en futuras investigaciones. Tal vez hubo un simple error de escriba.

Ejemplo 16: Una inserción en postproducción en el Corán de El Cairo

FIGURA 40: *Corán de El Cairo* al-muṣḥaf al-sharīf, *fol. 109r. (Fuente: Altıkulaç, Tayyar, Ed.* Al-Mushaf al-Sharif attributed to Uthman bin Affan (The copy at al-Mashhad al-Husayni in Cairo). *(2 vols.) Estambul: IRCICA, 2009.)*

Este ejemplo proviene del monumental códice que se exhibe en la Mezquita Ḥusaynī de El Cairo. Este códice es un libro enorme de 1088 folios de pergamino. Al igual que el *muṣḥaf* de Topkapı mencionado anteriormente, sus custodios y las autoridades gubernamentales afirman popularmente que es uno de los códices del califa Otmán. Sin embargo, esta opinión es rechazada por los académicos, incluyendo al Dr. Altıkulaç, quien sitúa la fecha de producción del *muṣḥaf* de El Cairo a finales del siglo VIII o principios del IX.[32] Daré más detalles sobre este manuscrito al final de este capítulo.

En este caso, la palabra كان *kāna*, "es", de Q4:33 no fue escrita en este verso en el momento de la producción de este manuscrito. Aunque solo las dos primeras letras de esta palabra insertada son ahora visibles en esta fotografía facsimilar, se presume que la palabra completa *kāna* fue añadida aquí, con una pluma muy fina. Me gustaría tener la oportunidad de examinar este manuscrito directamente para confirmar esta teoría. El verso tiene sentido con o sin la palabra, y su significado es prácticamente el mismo en ambos casos: "Y Alá tiene poder (lit. 'es poderoso') sobre todas las cosas." Como en muchos idiomas semíticos, el verbo "ser" no se utiliza a menudo, ya que su sentido está implícito cuando el adjetivo sigue directamente al sustantivo que modifica. El verbo puede incluirse, pero no es gramaticalmente necesario.

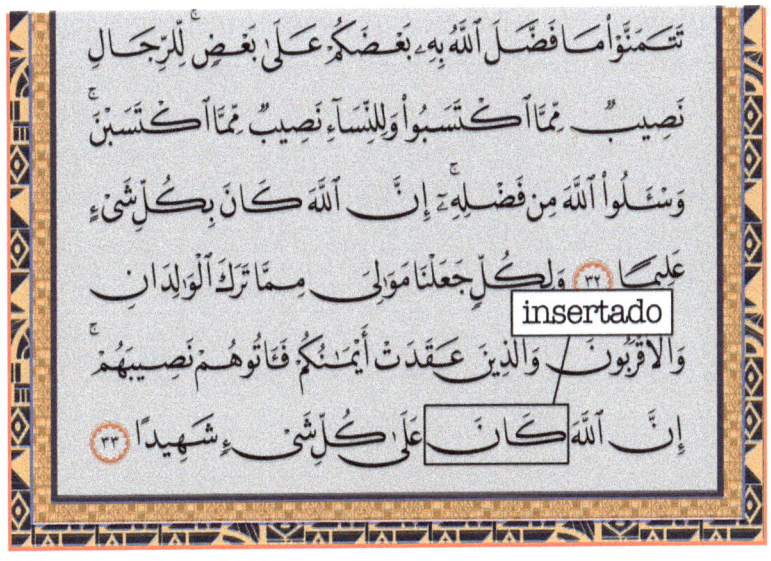

FIGURA 41: *Ilustración de la ubicación de la corrección Ejemplo 16 comparado con el texto de El Cairo de 1924*

Este manuscrito no es el único en el que se ha insertado la palabra *kāna*. Una inserción similar de *kāna* existe en NLR Marcel 17, folio 11v, en Q4:6; sin embargo, en ese caso no parece que haya pasado tanto tiempo entre la producción original y la corrección.

Ejemplo 17: Una corrección relacionada con "allāh"

FIGURA 42: NLR Marcel II, fol. 7r.

Esta corrección ha sido escrita sobre un borrado en Marcel II, parte del llamado *Códice Omeya de Fustat*, que ya se presentó en el Ejemplo 3 anterior. Escrito en el estilo de la escritura O I, este es un fragmento vertical de 12 folios que mide aproximadamente 36,5 cm (~14,5 pulgadas) de alto por 31 cm (~12 pulgadas) de ancho. Tiene 25 líneas de escritura por página, y sus folios están bastante delicados en la actualidad. Este fragmento particular tiene una alta densidad de correcciones: he notado 46 de ellas en sus 12 folios. Además, algunas de sus correcciones son bastante dramáticas.

Esta corrección se encuentra en el folio 7r, en la mitad de la línea 9. Toda la frase نعمة الله *niʿmata llāh*, "la gracia de Alá", de Q33:9 ha sido reescrita sobre un borrado. Se ha utilizado una pluma y tinta diferentes, y la escritura es de otra mano. Además, la escritura se ha apretado. Mi impresión es que esto podría haber leído *niʿmatihī* ("su favor") al principio; esta interpretación habría encajado en el espacio y tendría sentido gramatical aquí. Sin embargo, esta interpretación es solo una conjetura razonable; no puedo asegurarlo con certeza.

FIGURA 43: *Ilustración de la ubicación de la corrección Ejemplo 17 comparado con el texto de El Cairo de 1924*

Además de sus muchas otras correcciones y de esta, los 12 folios de Marcel II tienen cuatro omisiones de *allāh* que fueron insertadas posteriormente: 33:18, 33:24, 33:73 y 41:21, que ya se mostraron en el Ejemplo 3.

La Surah 33 tiene una cantidad considerable de correcciones en los primeros manuscritos. La mayoría de ellas son bastante pequeñas y muchas involucran ortografía. Hay un borrado más extensa en el verso 73 del BnF *arabe* 340. Discutiré esto y otros casos más adelante.

Ejemplo 18: Inserción en postproducción de "la hora" en un manuscrito del siglo III/IX al IV/X

FIGURA 44: NLR Marcel 7, fol. 7r. (Foto de Brubaker, con permiso de la Biblioteca Nacional de Rusia)

Marcel 7 es un fragmento horizontal de pergamino del Corán, compuesto por 10 folios. Sus páginas miden 17,7 cm (~7 pulgadas) de alto por 23,3 cm (~9 pulgadas) de ancho. Su estilo de escritura es probablemente D.IV, lo que sugiere que se trata de un manuscrito del siglo IX o X. He observado 8 correcciones en sus 10 folios, una alta frecuencia de correcciones para un manuscrito producido más de dos siglos después de la época de Otmán.

En este caso, la palabra الساعة *al-sā'ah*, "la hora", de Q6:40 ha sido insertada como un superscript. Se ha hecho con una pluma muy fina y en una mano diferente. Es posible que esta sea una corrección más moderna.

Esta palabra, *al-sā'ah*, ha sido corregida en otros manuscritos. En BnF *arabe* 340, hay un borrado bastante extensa que ha sido sobreescrita en Q15:85, que incluye esta palabra en ese verso; sin embargo, no está claro si la corrección en este caso tiene que ver con esta palabra en particular o con otra. La palabra *sā'ah* también aparece sobre un borrado en Q7:34 en el manuscrito E20, ubicado en el Instituto de Manuscritos Orientales, también en San Petersburgo.

FIGURA 45: *Ilustración de la ubicación de la corrección Ejemplo 18 comparado con el texto de El Cairo de 1924*

LAS CORRECCIONES QUE INVOLUCRAN "LA HORA" son interesantes, ya que esta palabra se refiere a temas escatológicos (es decir, relativos al fin de los tiempos) o apocalípticos, lo que una inserción como esta habría fortalecido y aclarado.[33] En 6:40 y 15:85, la palabra *al-sā'ah* se refiere escatológicamente a la hora del juicio final.

Ejemplo 19: Borrado sobreescrito que involucra "Alá"

FIGURA 46: NLR Marcel 5, fol. 11r. (Foto de Brubaker, con permiso de la Biblioteca Nacional de Rusia)

Albergado en la Biblioteca Nacional de Rusia, *Marcel 5* es un fragmento de pergamino de 17 folios de un Corán de gran formato. Sus páginas miden 50 cm (~19,5 pulgadas) de alto por 35 cm (~14 pulgadas) de ancho. El bloque de texto mide 44 x 30 cm (~17 x 12 pulgadas). Tiene 20 líneas de escritura por página. Muchas de las letras están diferenciadas por diacríticos, los cuales se presentan en forma de marcas finas en los trazos diagonales; estas parecen ser originales del manuscrito.

La corrección mencionada se encuentra en el folio 11 recto. En ella, las palabras هو الله *huwa llāh*, "él es Alá", de Q34:27 han sido escritas sobre un borrado. Esta no es obra del escriba original; la tinta es diferente y las letras están dibujadas en lugar de escritas. El *huwa*, que se extiende hacia el margen derecho, probablemente forma parte de la misma corrección, aunque es al menos posible que haya sido añadido más tarde. Sin la palabra, el verso leería en este punto: "Porque Alá es el Poderoso, el Sabio"; con ella, y como ahora se lee tanto en este manuscrito como en la edición de El Cairo de 1924, dice: "Porque **Él es Alá**, el Poderoso, el Sabio".

No es seguro qué se escribió primero aquí, pero mi suposición es que este manuscrito inicialmente tenía solo *huwa*, con el sujeto (Alá) implícito pero no explícito: "Él es el Poderoso, el Sabio." El *huwa* habría sido borrado y *allāh* o *huwa allāh* escrito en su lugar. Esto es una conjetura, pero encajaría en el espacio y tendría sentido.

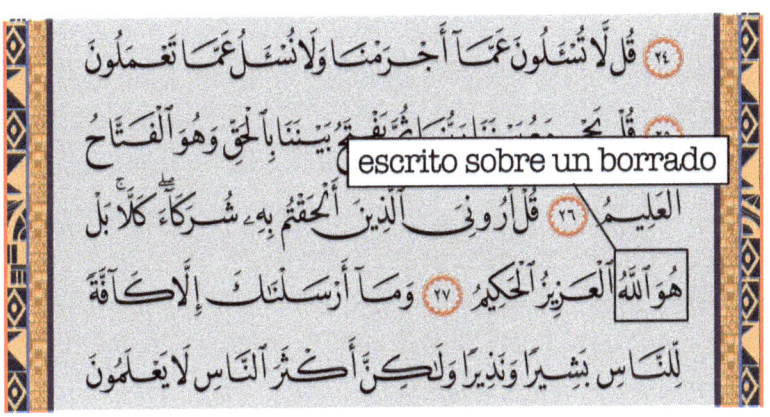

FIGURA 47: *Ilustración de la ubicación de la corrección Ejemplo 19 comparado con el texto de El Cairo de 1924*

Este tipo de corrección — es decir, el reemplazo de una referencia implícita a Alá o de un pronombre que lo hace referencia, con la palabra explícita *allāh* — no es infrecuente, como debería quedar claro a estas alturas y a la luz de otros ejemplos anteriores.

Ejemplo 20: Borrado sobreescrito de casi toda una línea de texto, que involucra "provisión"

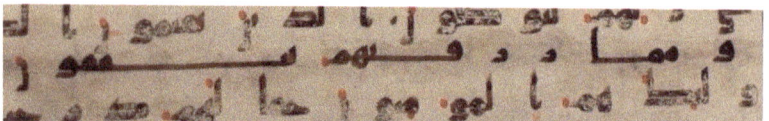

FIGURA 48: MIA.2014.491, fol. 7v. (Foto de Brubaker, con permiso del Museo de Arte Islámico)

Ubicado en el Museo de Arte Islámico en Doha, este objeto es un pequeño fragmento de Corán encuadernado en formato horizontal de nueve folios de pergamino, que mide aproximadamente 17,5 cm (~7 pulgadas) de alto por 28 cm (~11 pulgadas) de ancho. Su estilo de escritura es B.II.

Este fragmento contiene varias correcciones interesantes. Se muestra aquí el borrado y sobreescritura de toda una línea en el medio del folio 7. El nuevo texto es و مما رزقنهم ينفقون *wa-mimmā razaqnāhum yunfiqūna*, "y de lo que les hemos provisto", de Q8:3, junto con la *ʾalif* inicial del verso siguiente. Las marcas de borrado son bastante claras en esta página, y la escritura actual en esta línea está algo estirada para llenar el espacio, lo que indica que lo que se escribió originalmente aquí era más largo.

La palabra *rizq*, "provisión", es corregida directamente o forma parte de correcciones más grandes (como es el caso aquí) con bastante frecuencia en los primeros Coranes. Era una característica tan prominente que encabezó mi lista de palabras corregidas con mayor frecuencia en los primeros manuscritos del Corán en una ponencia que presenté en la International Qurʾanic Studies Association hace varios años. Aún no estoy seguro de por qué *rizq* se corrige tan a menudo, es decir, cuál es el problema, pero no me sorprendería que el asunto haya influido en la motivación para esta corrección en particular.

FIGURA 49: Ilustración de la ubicación de la corrección Ejemplo 20 comparado con el texto de El Cairo de 1924

Esto concluye mi presentación de los veinte ejemplos. Soy consciente de que, con los Ejemplos 3 y 5 (en particular), que contienen varias correcciones cada uno, he mostrado más de veinte en realidad. Mi intención era ser generoso, en el espíritu de la antigua tradición americana de la "docena del panadero".

Además, quería aprovechar la oportunidad para demostrar algunos patrones evidentes de corrección (como el que aparece en el Ejemplo 3) que serían más difíciles de ver si los describiera solo por separado.

Otro fenómeno: ¿Cubrimiento en el Muṣḥaf de El Cairo?

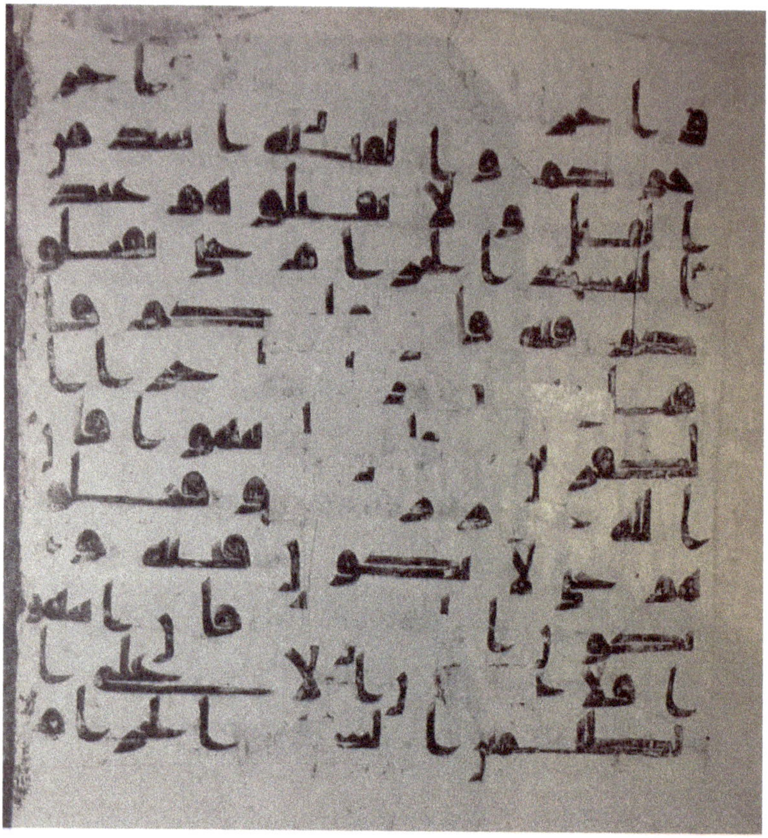

FIGURA 50: Corán de El Cairo al-muṣḥaf al-sharīf, *fol. 33v. (Fuente: Altıkulaç, Tayyar, Ed.* Al-Mushaf al-Sharif attributed to Uthman bin Affan (The copy at al-Mashhad al-Husayni in Cairo). *(2 vols.) Estambul: IRCICA, 2009.)*

Al examinar manuscritos para mi tesis doctoral, encontré algunas instancias de lo que me pareció escritura que había sido cubierta. Por precaución, no las clasifiqué como correcciones, e incluso ahora me resulta reacio hacerlo, ya que no he tenido la oportunidad, en la mayoría de los casos, de examinar los manuscritos en cuestión directamente para hacer una evaluación muy cuidadosa.

En la imagen superior se muestra una página del monumental Corán, que según la opinión de Altıkulaç probablemente data de finales del siglo VIII o principios del IX. Es un manuscrito interesante por varias razones, no menos importante la de su relación con uno u otro de los códices documentados:

> La comparación que realizamos entre los Muṣḥafs atribuidos al Califa Otmán en 44 lugares, en cuanto a pronunciación, una letra superflua o faltante y la estructura de las palabras, nos lleva a pensar que este Muṣḥaf no está relacionado con ninguno de los Muṣḥafs del Califa Otmán. [...E]ste Muṣḥaf difiere del Muṣḥaf de Medina en 14 de los 44 lugares, del Muṣḥaf de La Meca en 15 lugares, del Muṣḥaf de Kufa en 7 lugares, del Muṣḥaf de Basora en 9 lugares y del Muṣḥaf de Damasco en 28 lugares. Como resultado, aunque el Muṣḥaf de El Cairo tiene puntos en común con uno o más de estos Muṣḥafs en cada uno de los 44 lugares, no es exactamente igual a ninguno de ellos.[34]

Este manuscrito tiene más de 1,000 folios. Muchos de ellos tienen cintas similares que cubren porciones del texto. En mi experiencia, tales cintas a veces se usan para reparar un punto débil en la página, como cuando la acidez de la tinta ha corroído el pergamino a lo largo de los siglos, y he observado al menos una instancia de tal cinta aplicada con el propósito de reparar en un fragmento de manuscrito de edad y estilo de escritura similar al del *muṣḥaf* de El Cairo. De hecho, en muchas páginas del *muṣḥaf* de El Cairo, partes de lo que está escrito debajo de la cinta se extienden más allá de los bordes de la cinta y parecen estar alineadas con lo que esperaríamos ver allí al compararlas con la edición de El Cairo de 1924.

Mi primer objetivo con cintas como la mostrada arriba es, por lo tanto, descartar la posibilidad de que la cinta haya sido aplicada meramente con el propósito de reparación de la página. Si tuviéramos el manuscrito frente a nosotros, podríamos observar la página para evaluar su condición y también examinar el reverso de la página para ver si hay evidencia de desgarramiento o debilitamiento en el lugar donde se ha aplicado la cinta en el reverso.

En el caso del *muṣḥaf* de El Cairo, aún no he podido examinar estas páginas en persona. Espero poder hacerlo algún día.

En ausencia de la oportunidad para una inspección directa, entonces, debemos trabajar a partir de fotografías, y lo primero que hago después de observar detenidamente el lado con la cinta es mirar con atención la fotografía del reverso de la misma página. En muchas instancias del *muṣḥaf* de El Cairo, como en el folio 33 mostrado arriba, el reverso de la página parece estar perfectamente intacto. Esta observación deja abierta la posibilidad de que la cinta pueda estar sirviendo para otro propósito, como ocultar selectivamente algo que está escrito en la página.

Si el *rasm* debajo de la cinta de la página mostrada arriba coincide con la edición de El Cairo de 1924, entonces las porciones cubiertas serían las siguientes:

- Línea 1 - Todo excepto las tres primeras letras de واخرجهم من حيث‎ *wa-ʾakhrijūhum min ḥaythu*, "expúlsalos de dondequiera", de Q2:191
- Línea 5 - Todo excepto las dos primeras y las dos últimas letras de فان قتلوكم‎ *fa-ʾin-qātalūkum*, "así que si lucháis para matarlos", de Q2:191
- Línea 6 - Todo excepto las cinco primeras letras de فاقتلوهم كذلك‎ *fa-qtulūhum kadhālika*, "entonces matadlos (imper.), tal", de Q2:191
- Línea 7 - Todo excepto las últimas cinco letras de فان انتهوا‎ *fa-ʾini-ntahaū*, "y si desisten", de Q2:192
- Línea 8 - Las tres primeras letras de غفور‎ *ghafūrun*, "perdonador", y las tres últimas letras de رحيم‎ *raḥīmun*, "misericordioso", de Q2:192
- Línea 10 - Todo excepto la primera letra de الدين لله‎ *al-dīnu li-llāh*, "la religión pertenece a Alá", de Q2:193
- Línea 11 - Todo excepto la última letra de عدون‎ *ʿudwān*, "enemistad", de Q2:19
- Línea 12 - Las dos últimas letras de بالشهر‎ *bi-ʾl-shahr*, "en el mes", de Q2:193

Hasta que no pueda ver lo que está debajo de la cinta, no sé qué se ha cubierto en cada caso. Aun así, creo que vale la pena mencionar que estas cubiertas existen, y en muchos casos parecen haberse aplicado cuando no había necesidad de reparar la página, posiblemente para ocultar lo que estaba escrito en la página en puntos particulares.

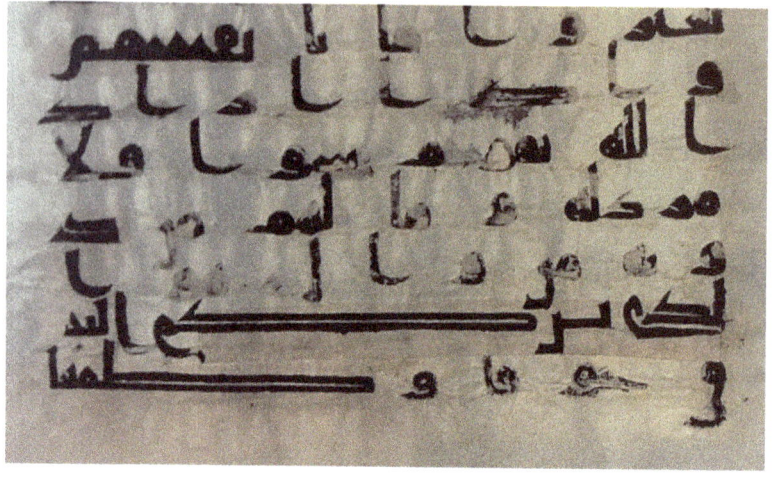

FIGURA 51: Corán de El Cairo Muṣḥaf al-Sharīf, *fol. 430r. (Fuente: Altıkulaç, Tayyar, Ed.* Al-Mushaf al-Sharif attributed to Uthman bin Affan (The copy at al-Mashhad al-Husayni in Cairo). *(2 vols.) Estambul: IRCICA, 2009.)*

FINALMENTE, está el asunto de las cubiertas sobreescritas. Arriba se muestra un ejemplo de esto. Hay muchos lugares en el *muṣḥaf* de El Cairo donde estas cintas han sido sobreescritas. En la foto de arriba, parece que esto ha sucedido en tres lugares:

- En la primera línea mostrada, todo excepto las dos primeras letras de بانفسهم *bi-ʾanfusihim*, "en sí mismos", de Q13:11, ha sido escrito sobre una cinta de este tipo.
- En la penúltima línea mostrada, todo excepto la *ʾalif* inicial de الذى يركم *alladhī yurikum*, "él que os muestra", de Q13:12, ha sido escrito sobre una cinta de manera similar, y está bastante estirado. El estiramiento no es inusual en este manuscrito, pero

es más pronunciado en este lugar de lo que es estándar para el escriba original. Es notable que la manera en que esta sección está escrita sobre la cinta carece de una letra en comparación con la edición de El Cairo de 1924, que tiene una *ya'* adicional entre la *ra'* y la *kaf*, ٱلَّذِى يُرِيكُم.

- En la última línea, el وطمعا *wa-ṭama'an*, "y esperanza", de Q13:12, también ha sido escrito sobre una cinta.

En todos estos casos, lo que fue escrito debajo de la cinta no se puede discernir, pero probablemente permanece allí y podría ser visto si se retira cuidadosamente la cinta. Es posible que lo escrito debajo coincida con lo escrito encima, pero no es seguro que así sea. Dado que existen muchas otras instancias de corrección en los manuscritos del Corán, no he descartado la posibilidad de que algunas de estas cintas estén cubriendo con la intención de oscurecer un texto variante o, en el caso de las cintas sobreescritas, cambiar lo que se escribió inicialmente.

---

1. Altıkulaç, Tayyar, ed., *Al-Muṣḥaf al-Sharif attributed to 'Uthmān bin 'Affān (The copy at the Topkapı Palace Museum)* (Estambul: IRCICA, 2007), 5-13.
2. Ibid., 10-13. Traducido de la edición en inglés.
3. Déroche, François, *Qur'āns of the Umayyads: A first overview* (Leiden: Brill, 2014), 17.
4. Déroche, François, *La transmission écrite du Coran dans les débuts de l'Islam: Le codex Parisino-petropolitanus* (Leiden: Brill, 2009), 173; Déroche, François, *Qur'āns of the Umayyads: A first overview* (Leiden: Brill, 2014), 34.
5. Ibid.

6. Altıkulaç, Tayyar, *al-Muṣḥaf al-Sharīf Attributed to ʿUthman bin Affān: The Copy At al-Mashhad al-Husayni in Cairo* (Estambul: IRCICA, 2009), 131-3.
7. A lo largo de este libro, transcribo el arqigrafema *A LLH* como *allāh*. El uso de *ā* en lugar de *a* añade un elemento (la presunción de una vocal larga) que no está, estrictamente hablando, presente en los manuscritos.
8. Déroche, François, *Qurʾans of the Umayyads: A first overview* (Leiden: Brill, 2014), 96.
9. Déroche, François, *La transmission écrite du Coran dans les débuts de l'islam: Le codex Parisino-petropolitanus* (Leiden: Brill, 2009), 10ff.
10. Déroche, François, *Qurʾans of the Umayyads: A first overview* (Leiden: Brill, 2014), 75-7, 154-5.
11. Ibid., 105.
12. En la convención moderna en torno a esta palabra en particular, incluso esta forma de escribirla (es decir, con la *wāw*) se translitera como ṣalāt, pero, según mis observaciones sobre la transliteración al inicio de este libro, me aparto de la abreviación estándar para representar de manera precisa el script tal como aparece en la página.
13. "Birmingham Qurʾan manuscript dated among the oldest in the world," Universidad de Birmingham, publicado el 22 de julio de 2015, https://www.birmingham.ac.uk/news/latest/2015/07/quran-manuscript-22-07-15.aspx
14. Sadeghi, Behnam y Uwe Bergmann, "The Codex of a Companion of the Prophet and the Qurʾān of the Prophet," en *Arabica* 57 (January 2010): 343-436. Ve también Sadeghi, Behnam y Mohsen Goudarzi, "Ṣanʿā 1 and the Origins of the Qurʾān," en *Der Islam* 87 (marzo de 2012): 1-129.
15. Brubaker, Daniel, "Asking Forgiveness Seventy Times," (ponencia de conferencia, Reunión Anual de la Asociación de Estudios del Medio Oriente, San Diego, CA, noviembre de 2010).
16. Coloco la *omisión* entre comillas porque el hecho de que la página en particular a la que me refiero haya sido corregida pero estas palabras no se hayan añadido nos obliga a considerar al menos si estas palabras se consideraban pertinentes en el momento y lugar tanto de la producción original como de la corrección de este manuscrito.
17. Cook, Michael, "The stemma of the regional codices of the Koran," en *Graeco-Arabica: Festschrift in honor of V. Christides Τιμητικοσ Τομοσ Βασιλειου Κρηστιδη* (Atenas: Graeco Arabica, 2004), 93-4. Hay más que decir al respecto, ya que este cambio en particular refleja algo que se ha discutido ampliamente en las literaturas de la época. Sin embargo, para los fines de este libro, basta con saber esto.
18. Gracias a Marijn van Putten por señalar esta explicación. He observado esta corrección durante años —por supuesto, mi atención está centrada

en miles de páginas y no exclusivamente en esta— sin darme cuenta de que esta era la función de la marca ovalada aquí.
19. Déroche, François, *Catalogue des manuscrits arabes : deuxième partie : manuscrits musulmans : tome I, 1* (Paris: Bibliothèque nationale, 1983), 63-69.
20. Déroche, François, *Qur'ans of the Umayyads: A first overview* (Leiden: Brill, 2014), 80.
21. Ibid., 76.
22. Su estilo es muy similar al de CBL Is 1615 I/II en Dublín, con una caligrafía casi idéntica, como ha observado van Putten. (comunicación personal)
23. Stewart, Devin, "Divine Epithets and the *Dibacchius: Clausulae* and Qur'anic Rhythm," en *Journal of Qur'anic Studies* 15.2 (2013): 22-64. Stewart ha realizado un buen trabajo sobre los patrones de rima, planteando la pregunta de si las lecturas actuales podrían no ser, en algunos casos, las lecturas originales. Me quedé cautivado cuando escuché por primera vez su ponencia sobre esto hace varios años, y creo que esta línea de investigación tiene un gran potencial como herramienta en los próximos años de investigación sobre manuscritos.
24. Déroche, François, *Catalogue des manuscrits arabes : deuxième partie : manuscrits musulmans : tome I, 1* (Paris: Bibliothèque nationale, 1983), 67.
25. Brubaker, Daniel, "Frequently Corrected Verses In Early Qur'ān Manuscripts," (ponencia presentada en la Reunión Anual de la Asociación Europea de Estudios Bíblicos, Lovaina, Bélgica, julio de 2016).
26. Brubaker, Daniel, "Corrections involving the word *rizq* ("provision") in early Qur'āns," (ponencia presentada en la Reunión Anual de la Asociación Internacional de Estudios Coránicos, San Antonio, TX, noviembre de 2016).
27. Rubin, Uri, "Meccan trade and Qur'ānic exegesis (Qur'ān 2:198)," en *Bulletin of the School of Oriental and African Studies, University of London* 53 no. 3 (1990), 421-428.
28. Déroche, François, *Catalogue des manuscrits arabes : deuxième partie : manuscrits musulmans : tome I, 1.* (Paris: Bibliothèque nationale, 1983), 109, 120, 131, 138.
29. Déroche, François. *The Abbasid Tradition: Qur'ans of the 8th to the 10th Centuries AD* (Londres: Nour Foundation, 1992), 54-55.
30. Déroche, François, *Catalogue des manuscrits arabes : deuxième partie : manuscrits musulmans : tome I, 1.* (Paris: Bibliothèque nationale, 1983), 69.
31. Ibid., 147.
32. Altıkulaç, Tayyar, *al-Mushaf al-Sharīf Attributed to ʿUthman bin Affān: The Copy At al-Mashhad al-Husayni in Cairo,* 2 vols. (Estambul: Centro de Investigación de la Organización de la Conferencia Islámica para la Historia Islámica, el Arte y la Cultura (IRCICA), 2011), 124-5.

33. Rahman, Fazlur, *Major Themes of the Qur'an* (Chicago: The University of Chicago Press, 2009), 106ff; Cook, David, *Contemporary Muslim Apocalyptic Literature* (Syracuse: Syracuse University Press, 2005), 8-9.
34. Altıkulaç, Tayyar, *al-Mushaf al-Sharīf Attributed to 'Uthman bin Affān: The Copy At al-Mashhad al-Husayni in Cairo,* 2 vols. (Estambul: Centro de Investigación de la Conferencia Islámica para la Historia, el Arte y la Cultura Islámicos (IRCICA), 2011), 124-5. Traducido de la edición en inglés.

3

CONCLUSIONES

El Corán ha sido, y sigue siendo, un elemento de gran importancia en los asuntos humanos. En muchas partes del mundo, es una fuente de orgullo regional, cultural y espiritual, inextricablemente entrelazada con cada parte de la vida. También es un objeto de historia relacionado con uno de los movimientos más dramáticos y duraderos de conquista política y colonización en la historia del mundo. Afirma internamente (por ejemplo, Q2:1) ser revelación de Dios, y también fue reclamado como tal por el propio Mahoma. Además, como pieza escrita (*kitāb* en árabe) con matices poéticos y lingüísticos, alusiones a eventos y detalles de su época, así como a las escrituras bíblicas (la Biblia hebrea y el Nuevo Testamento) y escritos apócrifos, contiene temas teológicos e históricos entrelazados de manera compleja. Por todas estas razones y más, es un objeto que ha atraído el estudio académico desde muchas direcciones diferentes.

Dejando a un lado por el momento las consideraciones devocionales — porque generalmente están fuera del alcance de una investigación académica — existen muchas formas de abordar la historia del Corán. Por ejemplo, hay un análisis a través de la lente de las literaturas secundarias, tanto de fuentes árabes/islámicas[1] como de otras,[2] las cuales pueden presentar problemas especiales, incluidos los contratiempos internos o externos;[3] existe el análisis lingüístico[4] y poético o quiasmático[5] de las palabras y agrupaciones de palabras[6] del Corán mismo, o de la presencia de palabras extranjeras;[7] está la autorreferencialidad del Corán,[8] el estudio del contenido histórico y las pistas en el texto del Corán, como lugares, personas y referencias a eventos históricos y topografía,[9] la consideración de los temas teológicos y legales del Corán en el contexto de su tiempo y lugar de revelación;[10] y más.

Luego, está el análisis de la historia material,[11] que incluye los rastros físicos de pasajes del Corán, como en inscripciones en rocas o monumentos de los primeros períodos. Esto incluye la consideración de las circunstancias políticas en el período posterior a la vida de Mahoma.[12]

Un factor importante en la historia material, por supuesto, son los manuscritos, que sirven como testigos tanto de su época de primera producción como del tiempo (si es aplicable) de corrección.

En las páginas anteriores, he mostrado ejemplos de correcciones en manuscritos del Corán producidos en los primeros siglos tras la muerte de Mahoma. Como se mencionó antes, no elegí los ejemplos más dramáticos para presentar aquí, sino un buen grupo de muestras para introducir el rango del fenómeno. Para proporcionar el mayor valor a los lectores, generalmente he decidido no seleccionar correcciones que haya considerado como resultado de corregir un simple error de escriba de la época de la primera producción; la única excepción en este libro es (posiblemente) el Ejemplo 8. Entre todas las correcciones que he documentado hasta ahora en mi investigación, algunos de ellas pueden ser explicadas por un error de escriba, y es importante que los lectores comprendan que esta explicación es el primer factor que considero al intentar discernir la causa. Estos manuscritos fueron escritos por seres humanos, no por máquinas, por lo que siempre debe tenerse en cuenta el error humano ordinario.

¿Qué significa la existencia de estas correcciones? Es una pregunta abierta con muchas respuestas posibles. Estas son algunas de mis reflexiones:

En primer lugar, aunque parece haberse demostrado razonablemente hasta ahora que (con la excepción de la capa inferior del palimpsesto de ʾ) la mayoría de los manuscritos del Corán que han sobrevivido muestran señales de haber sido producidos tras una campaña de estandarización básicamente consistente con lo que se ha reportado que fue dirigido por el tercer califa, también está claro que existían *algunas* diferencias de percepción sobre las palabras correctas del texto del Corán en los momentos en que se produjeron la mayoría de estos manuscritos, que luego fueron revisados cuando estas percepciones cambiaron o cuando la estandarización se hizo más minuciosa. No es imposible que algunas de estas percepciones cambiantes estuvieran vinculadas a ciertas regiones geográficas o localidades. Esta flexibilidad percibida excede los límites de lo que se reporta en la literatura de las *qirāʾāt*.

En segundo lugar, estas diferencias de percepción no se

limitaron a las primeras décadas tras la muerte de Mahoma, sino que hubo cierta flexibilidad que se extendió por varios siglos después. La flexibilidad no parece haber sido grande. Por ejemplo, con pocas excepciones como los palimpsestos de Saná y Birmingham del siglo VII, no solemos ver la corrección de grandes porciones del texto del Corán en los manuscritos. Este grado de flexibilidad aparente que tiene límites parece encajar muy bien con lo que se observa en otros lugares, como las inscripciones en la Cúpula de la Roca que sugieren a Chase Robinson y Stephen Shoemaker una cierta inestabilidad en el texto del Corán hasta el momento de su culminación en 691/692 d.C., durante el reinado del califa ʿAbd al-Malik.[13] Y, en un sentido más amplio, las variaciones que requieren correcciones posteriores en los manuscritos serían consistentes con lo que Nicolai Sinai ha denominado el "modelo del canon emergente", la hipótesis de que "el texto coránico, a pesar de haber alcanzado una forma reconocible hacia el 660, continuó siendo reelaborado y revisado hasta aproximadamente el 700".[14] Por supuesto, tal modelo, es decir, el cierre completo del "canon" coránico alrededor del 700, seguiría sin dar cuenta de los manuscritos producidos después de esta fecha que aún requerirían corrección posterior, a menos que, por supuesto, se atribuya cada uno de estos casos únicamente a desarrollos ortográficos, variaciones estándar de las *qirāʾāt*, o errores de escriba en la primera producción, un escenario que no parece ser el caso.

En tercer lugar, la corrección parcial sugiere un movimiento hacia un estándar con el paso del tiempo, un proceso gradual en lugar de una estandarización completa y repentina. Por corrección parcial me refiero a lugares donde un aspecto de la escritura en una página fue ajustado para conformarse con el *rasm* de El Cairo de 1924, pero otro parte de la escritura permaneció sin corregir. Por supuesto, esta suposición sugiere que el corrector, al notar y revisar un aspecto de la escritura en la página que él percibió como desviado, pasó por alto otro que presumiblemente no consideraba incorrecto.

Una visión tradicional dominante sobre la transmisión y preservación tempranas del Corán sostenía que la oralidad fue el factor principal, y la habilidad de los niños modernos para memorizar el Corán entero desde temprana edad se presenta como prueba de que la misma práctica se daba durante la época de Mahoma y los siglos posteriores. De hecho, no hay muchas razones para dudar que la transmisión oral jugó un papel significativo en esos primeros años. Sin embargo, la existencia de manuscritos también atestigua una tradición de transmisión escrita, y las características de los manuscritos también sugieren la práctica de copia por parte de los escribas a partir de un ejemplar.[15] Es decir, miraban una copia existente para hacer una nueva copia, en lugar de escribir de memoria o escuchar una recitación.[16] Así que, es más probable que la oralidad haya sido parte del panorama, pero que la principal transmisión del libro no fuera puramente oral, un entorno que Sadeghi y Bergmann han denominado "semi-oralidad".[17]

Una reconstrucción de la historia física de los manuscritos y su relación tanto con la tradición oral como entre ellos es uno de los objetivos de este trabajo. En particular, está la esperanza de agrupar los manuscritos en familias basadas en un análisis cercano y sus características textuales; esta área de investigación se llama **estemática**, y destaca la relación familiar de padres (el ejemplar) a hijos (las copias), nietos, primos, etc. No debe sorprender que este modelo biológico haga uso de métodos y herramientas empleados en trabajos similares en el campo de la biología, y Alba Fedeli, por ejemplo, ha estado realizando análisis de esta manera.[18] La idea más amplia es una que ha sido utilizada durante mucho tiempo en la crítica textual bíblica y está bien desarrollada en ese campo. Tampoco es un concepto novedoso cuando se trata de los manuscritos del Corán; la clasificación de estos objetos en familias fue propuesta por Theodore Nöldeke ya en 1860,[19] y otros han utilizado características distintivas como medio para agrupar los manuscritos según la proximidad relacional.[20]

Claramente, las observaciones anteriores sólo inciden sobre la transmisión del Corán. Es decir, no tienen nada que decir sobre las cuestiones de si Mahoma recibió revelación o si esta revelación provenía de Dios; más bien, sólo abordan lo que ocurrió después, cuando la comunidad de creyentes preservó y transmitió lo que él les entregó.

La mera existencia de correcciones en los manuscritos no es el final de la historia, sino una pieza del panorama que debe tomarse en cuenta al evaluar qué se estaba transmitiendo, en este caso las palabras de lo que llegó a ser comprendido por los creyentes en la apostolía de Mahoma como un conjunto de revelaciones de Dios. Un manuscrito es un registro físico de un texto; es un medio de transmisión y de preservación. Hoy en día, tenemos muchos métodos para transmitir y preservar información: impresión, fotografía, grabaciones magnéticas como cintas de casete y VHS, CDs y DVDs, archivos digitales, y por supuesto (como en el siglo VII) el documento manuscrito. En cada caso, existe la posibilidad de ruido o distorsión causada por error humano o las limitaciones del medio en sí mismo, pero no toda variación entre registros es necesariamente el resultado de error humano o las limitaciones del medio. El trabajo de un investigador de manuscritos es trabajo en el mundo real de los objetos, utilizando el juicio para discernir qué es ruido y qué es información significativa. He sacado sólo algunas conclusiones aquí, pero espero que al final, el mayor valor de este libro haya sido la oportunidad de reflexión que las fotografías y descripciones le han brindado.

Ciertamente, hay mucho más que decir, y queda un gran volumen de material para la investigación académica. Continuaré en la medida de mis posibilidades y espero que otros también lo hagan.

---

1. Estos incluyen literaturas tempranas que caen en diversas categorías: **tafsīr** (comentario), **tārīkh** (historia), **sīra** (biografía — es decir, de Mahoma), **rijāl** (literalmente "hombres", es literatura sobre las vidas, linajes y reputaciones de veracidad y carácter de las personas que estuvieron involucradas en la transmisión de las tradiciones), **ḥadīth** (relatos de "lo que sucedió", organizados por temas y en fragmentos discretos de información, según se reporta que fueron transmitidos de persona a persona hasta ser recogidos y escritos por el recopilador de ḥadīth), **maghāzī** (historias de incursiones y conquistas), **fiqh** (textos legales basados en las enseñanzas de Mahoma y el Corán), entre otros. No hace falta decir que los más antiguos tienden a tener un peso especial entre los académicos, incluso si no son siempre los más populares en términos devocionales. Además, existen algunos trabajos que, por diversas razones, se consideran más autoritativos que otros. Incluso los trabajos más autoritativos no están exentos de problemas, y esto se debe en parte a que todos estos trabajos tienden a estar separados de los eventos que describen por más de un siglo.
2. Por ejemplo: Hoyland, Robert G., *Seeing Islam as others saw it: a survey and evaluation of Christian, Jewish, and Zoroastrian writings on early Islam* (Princeton: The Darwin Press, 1997).
3. Rippin, Andrew, "Al-Zuhrī, *Naskh al-Qur'ān* and the problem of early tafsīr texts," en *Bulletin of the School of Oriental and African Studies, University of London* 47 no. 1 (1984), 22-43; Donner, Fred McGraw, *The Early Islamic Conquests*, (Princeton: The Princeton University Press, 1981);

Motzki, Harald, "Whither *Ḥadīth* Studies?" en *Analysing Muslim Traditions: Studies in legal, exegetical, and maghāzī ḥadīth* (Leiden: Brill, 2010), 47-124; Crone, Patricia, *Meccan Trade and the Rise of Islam* (Piscataway: Gorgias Press, 2004); Noth, Albrecht, *The early Arabic historical tradition: A source-critical study* (Princeton: The Darwin Press, 1994); Neuwirth, Angelika, "Qurʾan and History — a Disputed Relationship: Some reflections on Qurʾanic History and History in the Qurʾan," en *Journal of Qurʾanic Studies* 5 no. 1 (2003), 1-18; Crone, Patricia, "How did the quranic pagans make a living?" en *Bulletin of the School of Oriental and African Studies, University of London* 68 no. 3 (2005), 387-399.

4. Luxenberg, Christoph, *The Syro-Aramaic Reading of the Koran: A contribution to the decoding of the language of the Koran* (Berlin: Verlag Hans Schiler, 2007); Durie, Mark, *The Qurʾan and its biblical reflexes* (Lanham: Lexington Books, 2018).

5. Cuypers, Michel, *The Banquet: A reading of the fifth sura of the Qurʾan* (Miami: Convivium Press, 2009); Cuypers, Michel, *A Qurʾānic Apocalypse: A reading of the thirty-three last sūrahs of the Qurʾān* (Atlanta: Lockwood Press, 2018); Stewart, Devin, "Divine Epithets and the *Dibacchius: Clausulae* and Qurʾanic Rhythm," en *Journal of Qurʾanic Studies*, 15.2 (2013), 22-64; Rippin, Andrew, "The poetics of Qurʾānic punning," en *Bulletin of the School of Oriental and African Studies, University of London* 57 no. 1 in Honour of J. E. Wansbrough (1994), 193-207.

6. Bannister, Andrew G., *An Oral-Formulaic Study of the Qurʾan* (Lanham: Lexington Books, 2014); Witztum, Joseph, "Variant Traditions, Relative Chronology, and the Study of Intra-Quranic Parallels," en *Islamic Cultures, Islamic Contexts: Essays in honor of Professor Patricia Crone*, ed. Behnam Sadeghi, Asad Q. Ahmed, Adam Silverstein, y Robert Hoyland (Leiden: Brill, 2015); Durie, Mark, "Phono-semantic matching in Qurʾānic Arabic," (documento inédito, Centro Arthur Jeffery para Estudios Islámicos, Escuela de Teología de Melbourne).

7. Jeffery, Arthur, *The Foreign Vocabulary of the Qurʾān* (Leiden: Brill, 2007).

8. Madigan, Daniel A., *The Qurʾân's self-image: Writing and authority in Islam's Scripture* (Princeton: Princeton University Press, 2001).

9. Zellentin, Holger Michael, *The Qurʾān's Legal Culture: The Didascalia Apostolorum as a Point of Departure* (Tübingen: Mohr Siebeck, 2013).

10. Dost, Suleyman, "An Arabian Qurʾān: Towards a theory of peninsular origins," (tesis doctoral, University of Chicago, junio de 2017); Geiger, Abraham, *Was hat Mohammed aus dem Judenthume aufgenommen?* (Berlin: Parerga, 2005); Reynolds, Gabriel Said, *The Qurʾān and Its Biblical Subtext* (Abingdon: Routledge, 2010); Reynolds, Gabriel Said, ed., *The Qurʾān in Its Historical Context* (Abingdon: Routledge, 2008); Reynolds, Gabriel Said, ed., *New Perspectives on the Qurʾān: The Qurʾān in its historical context*

2 (Abingdon: Routledge, 2011); Zellentin, Holger Michael, *The Qurʾān's Legal Culture: The* Didascalia Apostolorum *as a Point of Departure* (Tübingen: Mohr Siebeck, 2013).

11. Small, Keith E., *Textual Criticism and Qurʾān Manuscripts* (Lanham: Lexington Books, 2011); Fedeli, Alba, "Early Qurʾānic manuscripts, their text, and the Alphonse Mingana papers held in the Department of Special Collections of the University of Birmingham," (tesis doctoral, University of Birmingham, 2014); Powers, David, *Muḥammad is not the father of any of your men* (Filadelfia: University of Pennsylvania Press, 2009); Puin, Elisabeth, "Ein früher Koranpalimpsest aus Ṣanʿāʾ (DAM 01-27.1)," en *Schlaglichter: Die beiden ersten islamischen Jahrhunderte,* ed. Groß, Markus y Karl-Heinz Ohlig, (Berlin: Verlag Hans Schiler, 2008); Dutton, Yasin, "Some Notes on the British Library's 'Oldest Qurʾan Manuscript' (Or. 2165)," en *Journal of Qurʾanic Studies* 6 no. 1 (2004), 43-71; Sadeghi, Behnam y Uwe Bergmann, "The Codex of a Companion of the Prophet and the Qurʾān of the Prophet," en *Arabica* 57 (2010), 343-436; Rezvan, E., "New folios from 'Uthmānic Qurʾānʾ I. (Library of Administration for Muslim Affairs of the Republic of Uzbekistan)," en *Manuscripta Orientalia* 10 no. 1 (2004). Estos son solo una muestra de un amplio conjunto de trabajos, incluyendo los ya citados en este libro.

12. Kohlberg, Etan, y Mohammad Ali Amir-Moezzi, eds., *Revelation and Falsification: The* Kitāb al-qirāʾāt *of Aḥmad b. Muḥammad al-Sayyārī (Critical Edition)* (Leiden: Brill, 2009; Modarressi, Hossein, "Early Debates on the Integrity of the Qurʾān: A Brief Survey," en *Studia Islamica* 77 (1993), 5-39. Hubo debates tempranos, por ejemplo, en los que se alegaba que el texto comúnmente aceptado del Corán había sido corrompido. El libro mencionado aquí es una edición crítica de una de esas obras del siglo IX d.C.

13. Sinai, Nicolai, "When did the consonantal skeleton of the Qurʾān reach closure?" en *Bulletin of the School of Oriental and African Studies* 77 (2014), 273-292.

14. Ibid. 6. Traducido de la edición en inglés.

15. Las pistas de que un manuscrito ha sido copiado a partir de otro manuscrito incluyen errores como **haplografía** (omitir una palabra o frase) o **dittografía** (escribir dos veces la misma palabra o frase) debido a **paráblepsis** (mirar hacia otro lado al copiar, por ejemplo, para rellenar la tinta en la plumilla). Hay numerosas instancias de corrección en los primeros manuscritos del Corán que rectifican este tipo de error.

16. Esta última práctica, escribir a partir de la recitación, podría detectarse cuando, por ejemplo, se intercambian letras que suenan igual pero que se ven diferentes al escribirlas. Tal error no ocurriría si el escriba estuviera copiando de un manuscrito anterior. Este tipo de error no es común en

los manuscritos del Corán; de hecho, no se me ocurre ningún ejemplo de ello.

17. Sadeghi, Behnam y Uwe Bergmann, "The Codex of a Companion of the Prophet and the Qur'ān of the Prophet," en *Arabica* 57 (2010), 345.
18. Fedeli, Alba, y Andrew Edmondson, "Early Qur'anic Manuscripts and their Networks: a Phylogenetic Analysis Project," (documento pre-circulado para la conferencia "Estudios sobre los manuscritos coránicos: Estado del campo," Budapest, mayo de 2017, tras el proyecto de investigación *Early Qur'ānic Manuscripts and their Relationship as Studied Through Phylogenetic Software* en la Universidad Europea Central, Budapest).
19. Cook, Michael, "The stemma of the regional codices of the Koran," en *Graeco-Arabica Festschrift in Honour of V. Christides Τιμητικοσ Τομοσ Βασιλειου Χρηστιδη, Volumes IX-X.* ed. George Livadas. (Atenas: Graeco-Arabica, 2004), 89-104.
20. George, Alain, "Coloured Dots and the Question of Regional Origins in Early Qur'ans (Part I)," en *Journal of Qur'anic Studies* 17.1 (2017), 1-44; van Putten, Marijn, "'The Grace of God' as evidence for a written Uthmanic Archetype: The importance of shared orthographic idiosyncrasies," en *Bulletin of the School of Oriental and African Studies.* 82:2, junio de 2019, 271-288..

ÍNDICE DE VERSOS DEL CORÁN REFERENCIADOS

2:137 (65-6); **2:191-3** (88, 91); **3:171** (69-70); **4:6** (79); **4:33** (78-9); **4:149** (61-2); **4:167** (73-5); **5:93-4** (55-7); **6:40** (82-3); **6:86** (70); **6:91-97** (49-53); **7:34** (83); **8:3** (86-7); **9:72** (30-2); **9:78** (36, 40-1, 45); **9:80** (59); **9:93** (36, 39-40, 44); **13:11-12** (92-3); **15:85** (82-3); **22:40** (36, 39, 43); **23:86** (58-60); **23:87** (59-60); **24:33** (76-7); **24:51** (36, 39, 43); **30:9** (46-8); **33:9** (80-1); **33:18** (36, 38, 41); **33:24** (34, 38, 41); **33:73** (36, 38, 42); **34:27** (84-5), **34:35** (71-2); **35:11** (36, 39, 44); **41:21** (36, 39, 42); **42:5** (63-4); **42:21** (33-5); **66:8** (67-8)

LECTURAS ADICIONALES

A continuación se presenta una lista parcial de libros recientes que tratan específicamente sobre los manuscritos del Corán. Algunos pueden ser desafiantes para un no especialista. Mi mención no es una recomendación de todas las posiciones, teorías o conclusiones de los autores, pero todos son académicos serios que abordan de manera sustantiva el tema.

Baker, Colin F. *Qurʾan manuscripts: calligraphy, illumination, design.* Londres: The British Library, 2007.

Blair, Sheila S. *Islamic calligraphy.* Edimburgo: Edinburgh University Press, 2008.

Cellard, Eléonore. *Codex Amrensis I* (Francés y árabe). Leiden: Brill, 2018.

Déroche, François. *Qurʾans of the Umayyads.* Leiden: Brill, 2014.

George, Alain. *The Rise of Islamic Calligraphy*. Londres: SAQI, 2010.

Hilali, Asma. *The Sanaa Palimpsest: The Transmission of the Qurʾan in the First Centuries AH*. Oxford: Oxford University Press, 2017.

Powers, David. *Muḥammad is not the father of any of your men*. Filadelfia: University of Pennsylvania Press, 2009.

Sinai, Nicolai. *The Qurʾan: A Historical-Critical Introduction*. Edimburgo: Edinburgh University Press, 2017.

Small, Keith. *Textual Criticism and Qurʾān Manuscripts*. Lanham: Lexington Books, 2011.

Recomiendo también los capítulos de los siguientes autores que se encuentran, entre otros, en los volúmenes alemanes *Inârah* editados por Karl Heinz-Ohlig y Markus Groß:

Alba Fedeli

Thomas Milo

Elisabeth Puin

Gerd-R Puin

Keith Small

Otros que han publicado importantes artículos académicos, pero aún no libros, sobre los manuscritos del Corán incluyen notablemente a Yassin Dutton, Mohsen Goudarzi, Efim Rezvan, Behnam Sadeghi, Ahmad Al-Jallad, Michael Marx y Marijn van Putten. A esta lista se podrían añadir la mayoría de los autores de los libros mencionados anteriormente.

Finalmente, menciono un libro adicional publicado recientemente que no está directamente relacionado con los manuscritos, pero que realiza un análisis lingüístico y temático fino que puede tener alguna relación con algunos de los aspectos que observamos en ellos:

Durie, Mark. *The Qur'an and Its Biblical Reflexes: Investigations Into the Genesis of a Religion*. Londres: Lexington Books, 2018.

GLOSARIO

A.H. (o H) — la abreviatura de **Anno Hegirae**, "Año de la Hégira", una designación de fecha dada según el calendario islámico, que cuenta los años lunares desde la emigración de Mahoma de La Meca a Medina en el 622 d.C. Los siglos a menudo se dan en formato d.C./H., por ejemplo, "siglo VII/siglo I", lo que significa el siglo VII d.C., que también es el primer siglo H.

archigrafema — una marca que puede representar diferentes grafemas (letras). En este contexto, se refiere a las letras árabes no puntuadas, que, debido a la falta de diacríticos, a menudo eran ambiguas.

aya — un verso del Corán

bifolio — una hoja doblada por la mitad para formar dos folios en un libro encuadernado. Varios bifolios suelen apilarse y coserse juntos para formar un cuadernillo.

códice — un libro (es decir, varias páginas encuadernadas por un borde). La palabra árabe para códice/libro es *muṣḥaf* (pronunciado "mus-jáf").

colofón — una declaración, generalmente incluida al final del libro, que contiene detalles sobre su producción. En un manuscrito del Corán, un colofón podría incluir el nombre del calígrafo, la fecha en que se completó el proyecto y tal vez el nombre del mecenas que lo encargó. Desafortunadamente, los primeros manuscritos del Corán no incluyen colofones.

texto esquelético consonántico — el *rasm* árabe, es decir, la estructura central del árabe escrito sin puntos ni otros signos que desambiguarían las letras.

diacríticos — los signos gráficos (usualmente puntos hoy en día) que distinguen una consonante ambigua. En árabe, por ejemplo, tres puntos sobre una consonante indican la letra *thāʾ*, dos puntos arriba indican *tāʾ*, un punto arriba indica *nūn*, un punto abajo indica *bāʾ*, y dos puntos abajo indican *yāʾ*. Existen muchos otros ejemplos.

folio — una página en un códice. Un folio tiene un anverso ("*recto*") y un reverso ("*verso*").

grafema — la unidad más pequeña de un sistema de escritura en un idioma. Este término es relevante para comprender la palabra *archigrafema* mencionada arriba.

hadiz — un reporte que ha sido transmitido de persona a persona a lo largo del tiempo antes de ser escrito. Los hadices suelen contar cosas que Mahoma dijo o hizo, aprobó o desaprobó, o cosas similares que sus compañeros hicieron o dijeron. Los hadices separados se han reunido en colecciones autorizadas.

manuscrito — un documento escrito a mano

muṣḥaf (plural: *maṣāḥif*) — la palabra árabe para un libro.

ortografía — del griego que significa "escritura correcta", se refiere a las reglas para escribir correctamente una palabra, particularmente su ortografía.

pergamino — piel de animal preparada para recibir escritura. El pergamino a veces también se llama *vitela*; no son sinónimos exactos, pero los términos suelen usarse de manera intercambiable.

qibla — la dirección de la oración islámica, hoy hacia La Meca

cuadernillo — una sección de un libro que consta, generalmente, de varios bifolios apilados y cosidos en el medio. En la encuadernación tradicional de libros, y aún en encuadernaciones de calidad hoy en día, varios cuadernillos se producen primero y luego se cosen o pegan juntos para hacer un libro completo.

rasm — una palabra árabe que describe el texto consonántico básico en árabe. El árabe escrito completo hoy en día tiene marcas para las consonantes, marcas para las vocales largas y, a veces, marcas para representar las vocales cortas. El *rasm* se refiere solo a los primeros dos elementos, pero no al último.

recto — el anverso de un folio en un libro, abreviado como "r"; cuando se hace referencia a manuscritos en este libro, por ejemplo, **26r** significa "26 recto", o el anverso del 26º folio. El otro lado se llama "verso".

sura — un capítulo del Corán.

gramática de la escritura — un término acuñado en 2002 por Thomas Milo para referirse a las ligeras variaciones en el texto esquelético consonántico que permiten la desambiguación de algunas consonantes incluso en ausencia de puntos.

verso — el reverso de una página en un libro, abreviado como "v"; cuando se hace referencia a manuscritos en este libro, por ejemplo, **26v** significa "26 verso", o el reverso del 26º folio. El otro lado se llama "recto".

SOBRE EL AUTOR

El Dr. Brubaker examinando folios de un Corán del siglo VII en la Colección Ṣabaḥ del Museo Dar, Kuwait, 2015.

DANIEL BRUBAKER se fascinó con las correcciones en los manuscritos del Corán durante su trabajo de doctorado en la Universidad de Rice, una fascinación tan grande que decidió hacer de este tema su enfoque principal. Su tesis, titulada "Intentional Changes in Qurʾan Manuscripts" ["Cambios intencionales en los manuscritos del Corán"] (2014), es el primer estudio exhaustivo sobre las correcciones físicas en los primeros manuscritos del Corán. Su contenido y material adicional estarán disponibles próximamente. Este es el primer libro de Brubaker.

facebook.com/drbru1
x.com/dbru1
instagram.com/dbru1

www.ingramcontent.com/pod-product-compliance
Lightning Source LLC
Chambersburg PA
CBHW061800070526
44586CB00023B/2646